सदाबहार कहानियाँ

सुभद्रा कुमारी चौहान

अनबाउंड स्क्रिप्ट का उपक्रम

सदाबहार कहानियाँ : सुभद्रा कुमारी चौहान

ISBN : 978-93-92088-82-7

प्रकाशक : अनबाउंड स्क्रिप्ट
2/41, अंसारी रोड,
दरियागंज, दिल्ली -110002
वेबसाइट : www.unboundscript.com
ई-मेल : books@unboundscript.com
फोन : 011-35807601

मुद्रक : यश प्रिंटो ग्राफ़िक्स, नोएडा, उत्तर प्रदेश

मूल्य : ₹ 125/-

अनुक्रम

जम्बक की डिबिया	5
अंगूठी की खोज	11
दो सखियाँ	40
मंझली रानी	54
मछुए की बेटी	84
बड़े घर की बात	98
कान के बुंदे	106

जम्बक की डिबिया

इस जम्बक की डिबिया से मैंने एक आदमी का खून जो कर डाला है, इसलिए मैं इससे डरता हूँ। मैं जानता हूँ कि यही जम्बक की डिबिया मेरी मौत का कारण होगी- प्रोफेसर साहब ने कहा, और कुर्सी पर टिक गये। उसके बाद हम सभी लोगों ने उनसे पूछा- जम्बक की डिबिया से मनुष्य की हत्या आखिर हो ही कैसे सकती है?

सिगरेट बुझाकर ऐश-ट्रे पर फेंकते हुए प्रोफेसर साहब ने कहा- बात उन दिनों की है जब मैं बी.ए. फाइनल में पढ़ता था। केठानी हमारे घर का पुराना नौकर था, बड़ा मेहनती, बड़ा ईमानदार। महीनों हमारी माँ जब घर के बाहर रहती थी, वह सारे घर की देखभाल करता था।

एक चीज भी कभी इधर से उधर न हुई थी। एक बार यही बरसात के दिन थे। मेरी छोटी बहिन के शरीर पर लाल-

लाल दाने से उठ आए थे औए उसके लिए मैं एक जम्बक की डिबिया खरीद लाया। मेरी माँ मशीन के सामने बैठी कपड़े सी रही थी। आसपास बहुत से कपड़े पड़े थे। वहीं मैंने वह डिब्बी खोली। बहिन के दानों पर जहाँ-तहाँ लगाया और डिब्बी माँ के हाथ में दे दी। पास हीं केठानी खड़ा-खड़ा धुले हुए कपड़ों की तह लगा रहा था। जब मैं बहिन के दानों पर जम्बक लगा चुका तब केठानी ने उत्सुकता से पूछा- "काय भैया! ई से ई सब अच्छो हुई जई हैं?"

मैंने कहाँ- हाँ खाज़, फोड़ा, फुंसी, जले-कटे सब जगह यह दवा काम आती है। इसके बाद केठानी अपने काम में लग गया और मैं बाहर चला गया।

शाम को जब मैं घूम कर लौटा तो देखा घर में एक अजीब प्रकार की चहल-पहल है। माँ कह रही थी- बिना देखे कैसे किसी को कुछ कहा जा सकता है। कहाँ गई? कौन जाने।

बड़ी बहिन कह रही थी- उसे छोड़कर और ले हीं कौन सकता है। कल उसकी भावज आई थी न। उसके लड़के के सिर में भी बहुत सारी फुंसियाँ थीं।

पिताजी कह रहे थे- कहीं महराजिन न ले गई हो। अखिल उससे कह रहा था यह गोरे होने की दवा है। लड़के भी तो तुम्हारे सीधे नहीं हैं।

पास हीं बैठा अखिल पढ़ रहा था। पिताजी की बात में दिलचस्पी लेते हुए वह बोला- बापू, महराजिन तो हमेशा गोर होने की ही फिक्र में रहती है। फिर मुझसे पूछा कि यह क्या है, सो मैंने भी कह दिया कि गोरे होने की दवा है।

केठानी अपनी कोठरी में रोटी बना रहा था। उसे बुलाकर पूछा गया तो उसने कहा- जब भैया लगाई हती आपने तो तबै देखी रही, फिर हम नहीं देखन सरकार।

मुझे क्रोध आ गया, बोला- तो डिबिया पंख लगाकर उड़ गई? केठानी ने मेरी तरफ़ देखा, बोला- भैया...

मैंने कहा चुप हो! मैं कुछ नहीं सुनना चाहता। सुबह मैं डिब्बी लाया और इस समय गायब हो गई। यह सब तुम्हीं लोगों की बदमाशी है।

केठानी कुछ न बोला वहीं खड़ा रहा और मैं अपने कमरे में चला गया। मैंने सुना- वह माँ से कह रहा था- मालकिन चल के मोर कोठरी खोली देख लेई-मैं का करिहौं दवाई ले जाई के? फिर जऊन चीज लागी मैं मांग न लईहौं सरकार से?

मैं कोट उतार रहा था। न जाने मुझे क्यों क्रोध आ गया और कमरे से निकल कर बोला- चले जाओ अपना हिसाब लेकर- हमे तुम्हारी ज़रूरत नहीं है- आखिर माँ ने बहुत

समझाया पर हम सब भाई-बहिन न माने और माँ ने केठानी को बहुत रोकना चाहा और वह यही कहता रहा- जब तक भैया माफ़ न कर देंगे, अपने मुँह से मुझसे रुकने को न कहेंगे, मैं न रहूँगा।

और मैंने न केठानी से रुकने को कहा न वह रुका, हमारे घर की नौकरी छोड़कर वह चला गया। पर घर के सब लोगों को वह प्यार करता था। वह गया ज़रूर पर तन से गया मन से नहीं। माँ को भी उसका अभाव बहुत खटका और मुझे तो सबसे ज्यादा उसका अभाव खटका। वह मेरे कमरे को साफ रखता था, सजाकर रखता था, फूलों का गुलदस्ता नियम से बनाकर रखता था। मेरी जरूरतें बिना बताये समझ जाता और पूरी करता था, पर जिद्दी स्वभाव के कारण चाहते हुए भी मैं माँ से कह न सका कि केठानी को बुला लो जोकि मैं हृदय से चाहता था। एक दिन माँ ने कहा, कि केठानी रायसाहब के बंगले पर गारा-मिट्टी का काम करता है। मैंने सुना, मेरे दिल पर ठेस लगी। बूढ़ा आदमी, डगमग पैर, भला वह गारा-मिट्टी का काम कैसे कर सकेगा? फिर भी चाहा कि यदि माँ कहे की केठानी को बुला लेती हूँ तो मैं इस बार ज़रूर कह दूंगा की हाँ बुला लो पर इस बार माँ ने केवल उसके गारा-मिट्टी धोने की खबर भर दी और उसे फिर से नौकर रखने का प्रस्ताव न किया। एक दिन मैं कॉलेज जा रहा था। देखा केठानी सिर पर गारे का तसला रखे चाली पर से कारीगरों को दे रहा है।

चालीस फुट ऊपर चाली पर चढ़ा जहाँ बूढ़ा केठानी, खड़ा काम कर रहा था। मेरी अंतरात्मा ने मुझे काटा। यह सब मेरे कारण है और मैंने निश्चय कर लिया कि शाम को लौट कर माँ से कहूँगा अब केठानी को बुला लो। वह बहुत बूढ़ा और कमजोर हो गया है। इतनी कड़ी सज़ा

उसे न मिलनी चाहिए। दिन भर मुझे उसका ख्याल बना रहा। शाम ज़रा जल्दी लौटा। रास्ते पर हीं रायसाहब का घर था। मजदूरों में विशेष प्रकार की हलचल थी। सुना कि एक मजदूर चाली पर से गिरकर मर गया। पास जाकर देखा वह केठानी था। मेरा ह्रदय एक आदमी की हत्या के बोझ से बोझिल हो उठा। घर आकर माँ से सब कुछ कहा- "माँ उसके कफ़न के लिए कोई नया कपड़ा निकाल दो!"

माँ अपने सीने वाली पोटली उठा लायीं। नया कपड़ा निकलने के लिए उन्होंने ज्यों हीं पोटली खोली जम्बक की डिबिया खट से गिर पड़ी।

अंगूठी की खोज

चैती पूर्णिमा ने संध्या होते-होते धरित्री को दूध से नहला दिया। वसंती हवा के मधुर स्पर्श से सारा संसार एक प्रकार के सुख की आत्म-विस्मृति में बेसुध-सा हो गया। आम की किसी डाल पर छिपी हुई मतवाली कोयल पंचम स्वर में कोई मादक रागिनी अलाप उठी। वृक्षों के झुरमुट के साथ चाँदनी के टुकड़े अठखेलियाँ करने लगे; परंतु मेरे जीवन में न सुख था और न शांति। इस समय भी, जबकि संसार के सभी प्राणी आनंदविभोर हो रहे थे, मैं कंपनी बाग में एक कोने में हरी-हरी दूब पर पड़ा हुआ अपने जीवन की विषमताओं पर विचार कर रहा था। पेड़ की पत्तियों से छन-छनकर, नन्हें- नन्हें चाँदनी के टुकड़े जैसे मुझे बरबस छेड़-से रहे थे। मैंने आँखें बंद कर लीं; फिर भी मैं किसी प्रकार का शांति लाभ न कर सका। आज मैं बहुत दुःखी था। वैसे बात थी तो बहुत छोटी; किंतु पके हुए घाव पर एक मामूली-से तिनके का छू जाना ही बहुत है।

छोटी-सी बात पर ही मेरे हृदय में जैसी भीषण हलचल मची हुई थी, उसे मेरे सिवा कौन जान सकता था।

इसी समय, कुछ युवतियाँ; मेरे पास से निकलीं। उनके पैरों के लच्छे और स्लीपरों की ध्वनि मैंने साफ-साफ सुनी। वे लोग आपस में हँसती, खिलखिलाती और बातें करती हुई चली जा रही थीं। ऐसा लगता था जैसे सांसारिक चिंताओं को इनके पास पहुँचने का साहस ही नहीं होता। परंतु मुझे उनसे क्या प्रयोजन? मैंने तो उनकी ओर आँख उठाकर देखा भी नहीं। देखकर करता भी क्या? व्यर्थ ही हृदय में एक प्रकार की टीस उठती। वेदना और बढ़ जाती। मेरे लिए तो कदाचित् विधाता ने अपने ही हाथों एक निरक्षरा और बेढंगी प्रतिमा का निर्माण किया था जो इच्छा न होने पर भी, बरबस मेरे जीवन के साथ बाँध दी गई थी; जिसके सहवास से मेरा सुखी जीवन, मेरा आशावादी हृदय, कल्पना के पंखों द्वारा ऊँची-से-ऊँची उड़ान भरने वाला मेरा मन सभी दुःख तथा घोर निराशा से न जाने कितनी भीषण वेदना का अनुभव कर रहे थे।

जिस दिन मैंने पहले-पहल यशोदा को देखा, मैं कह नहीं सकता कि मेरी मानसिक स्थिति कितनी भयंकर थी। वह रात-मिलन की पहली रात-सुहागरात थी। और मैं घर से भागकर इसी स्थान पर इससे भी अधिक उद्विग्न और व्याकुल अवस्था में छटपटा रहा था। जीवन में मुझे उससे भी अधिक आत्म-ग्लानि और व्याकुलता का सामना करना था। कदाचित्

इसीलिए न जाने किस प्रकार कुछ अभिन्न-हृदय मित्रों को मेरी मानसिक स्थिति का पता लग गया। वे मेरे अभिन्न-हृदय मित्र थे। वे जानते थे कि इस पीड़ा से मुक्ति पाने के लिए कड़ी-से-कड़ी विपत्तियों को भी झेल सकता हूँ। इसलिए वे मुझे खोजते हुए आए; और मेरे साथ ही उन्होंने वहीं पर रात बिताई।

इसके बाद क्रमशः मेरी अवस्था कुछ सँभली और बहुत कुछ तो मित्रों के आग्रह से, और कुछ-कुछ किसी प्रकार जीवन के दिन काट देने के लिए मैंने यशोदा को शिक्षिता बनाना चाहा। किंतु परिणाम कुछ न हुआ। क से कबूतर और ख से खरगोश, इसके आगे यशोदा न पढ़ सकी। उसे पढ़ने-लिखने की तरफ जैसे रुचि ही न थी। पढ़ने के लिए जब मैं उससे प्रेममय अनुरोध करता तो वह प्रायः यही कहके टाल दिया करती, अब मुझे पढ़-लिख के क्या करना है? नौकरी करवाओगे?

अपने प्रश्नों के उत्तर में इस प्रकार की बातें सुनकर मुझे कितनी मार्मिक पीड़ा होती थी, मेरा हृदय कितना विचलित हो उठता था, यशोदा न तो समझती थी, और न उसने कभी समझने का प्रयत्न ही किया। परिणाम यह हुआ कि मुझे घर से बिलकुल विरक्ति हो गई। कोई भी आकर्षण शेष न रह जाने के कारण मैं घर बहुत कम जाने लगा। महीने में एकाध बार ही मैं घर पर भोजन करता। यदि भोजन के समय किसी मित्र के घर होता तो उसके आग्रह से वहीं, अन्यथा किसी होटल में मेरा प्रतिदिन का

भोजन होता। प्रायः बहुत से दिन तो चाय के एक-दो प्यालों पर ही बीत जाया करते। तात्पर्य यह कि मेरा स्नान, भोजन, सोना, जागना सभी कुछ अनियमित था। नियमित रहता भी कैसे। मैं अपनी इस उठती जवानी में ही बुढ़ापे का अनुभव कर रहा था; जीवन मुझे भार-सा प्रतीत होता, न किसी प्रकार की इच्छा शेष थी न आकांक्षा, न उत्साह था और न उमंग, जीवन को किसी प्रकार ढकेले लिए जाता था।

मैं स्वभाव से ही अध्ययनशील, विद्यानुरागी, स्वाभिमानी, भावुक और अल्पभाषी था। मैं अपने कुछ इने-गिने मित्रों को छोड़ अन्य लोगों से बहुत कम मिलता-जुलता था। प्रायः अपना अधिकांश समय अध्ययन में ही बिताया करता था। मेरी लाइब्रेरी में संसार के प्रायः सभी विद्वान्-लेखकों की कृतियाँ आलमारियों में सजी थीं। उन्हें मैं अनेक बार पढ़कर भी फिर से पढ़ने का इच्छुक था। प्रायः लाइब्रेरी में जब मैं पुस्तकों का अध्ययन करता होता और उनमें किसी सुशिक्षिता महिला के विषय में कोई प्रसंग आ जाता, तो कल्पना के उच्चतम शिखर से ही मैं अपनी जीवनसंगिनी का दर्शन करता; और वहाँ से मैं देखता कि मेरी प्रेयसी पढ़ने में, लिखने में, सामाजिक और सांसारिक प्रत्येक कार्यों में मेरी वैसी ही सहायक है जैसे पुस्तक लेखक की स्त्री, जिसका दर्शन मैं अभी पुस्तक के पृष्ठों में कर चुका हूँ। यही कारण था कि विवाह के बाद मुझे इतनी अधिक निराशा हुई। मैं कल्पना के जिस शिखर पर विचरण कर रहा था, वहाँ से एकदम नीचे गिर पड़ा।

यशोदा को पढ़ने-लिखने की ओर से उतनी ही अरुचि थी, जितनी मेरी उस ओर रुचि थी। गृहस्थी के कामों में भी वह विशेष निपुण न थी। इसके अतिरिक्त न उसमें रूप था, न आकर्षण और न बातचीत का ढंग ही सुरुचि के अनुकूल था। उससे साधारण-सी बात करते समय भी मैं प्रायः झल्ला उठता, जिससे मुझे तो मानसिक कष्ट होता ही, साथ ही यशोदा को बिना कारण ही मेरी डांट सुननी पड़ती, और उसे कष्ट होता। इसलिए मैंने घर जाना बहुत कम कर दिया। प्रायः जब मैं पढ़ते-पढ़ते थक जाता तब मित्रों के घर और जब किसी कारणवश मित्र लोग भी घर पर न मिलते, तब मुझे कंपनी बाग के इसी कोने में हरी-हरी दूब पर ही आश्रय मिलता था।

कभी-कभी उसी दूब पर पड़े-पड़े मैं कब सो जाता, पता नहीं। पक्षियों का कलरव सुनकर ही मेरी आँख खुलती मेरे घर वाले इन बातों को बहुत अच्छी तरह जानते थे। अपने विवाह के बाद से मैं बहुत विद्रोही स्वभाव का हो उठा था। इसलिए न तो वे लोग मुझे खोजने का प्रयत्न करते, और न मेरी दिनचर्या या तपश्चर्या में बाधा डालकर मुझे छेड़ते थे। वे जानते थे कि यदि मुझे उन्होंने छेड़ा, तो इसका परिणाम किसी प्रकार भी अच्छा न होकर, बुरा ही हो सकता है।

आज इसी प्रकार अपने जीवन से घबराकर, न जाने किस विचारधारा में डूबा हुआ, मैं लॉन पर पड़ा था। वे युवतियाँ घूमती हुई फिर लौटीं, और मेरे पास ही पड़ी हुई बेंच पर बैठ गयीं।

एक बोली, यहाँ तो कोई पड़ा है जी।

दूसरी ने कहा, ऊँह! रहने भी दो, पड़ा है तो हमारा क्या कर लेगा। आओ ज़रा बैठ लें, फिर चलेंगे।

तीसरी उठकर खड़ी हो गई। स्वर को कुछ धीमा करके बोलो, "हमारा कर तो कुछ न लेगा। पर हमारी बातचीत की आजादी में तो बाधा आएगी। चलो, कहीं और बैठें। इतना बड़ा तो बगीचा पड़ा है। क्या यही जगह है?" वह उठी। उठकर जाने लगी।

एक दूसरी ने उसका हाथ पकड़कर खींचा। उसे बैठाते हुए बोली, 'बैठो भी कहाँ जाओगी?' अब तो वह समय है, जबकि स्त्रियों को भी पुरुषों के समान अधिकार दिए जाने की हर जगह चर्चा है। फिर उस अधिकार का हमीं क्यों न उपयोग करें? विरले ही पुरुष स्त्रियों से ऐसे दूर-दूर भागते होंगे। अन्यथा पुरुषों का तो स्वभाव होता है कि जहाँ स्त्रियों को देखा, फिर चाहे काम हो चाहे न हो, उस ओर जाएँगे अवश्य। यह रेलवे स्टेशन का, स्नान-घाटों का, सड़कों और दुकानों का हमारा प्रतिदिन का अनुभव है। यदि ठीक न कहती होऊँ तो मेरी बात न मानो! और तुम ऐसे व्यक्ति से, जिसके विषय में ठीक-ठीक पता भी नहीं कि स्त्री है कि पुरुष, ऐसे दूर भागी जा रही हो जैसे कोई संक्रामक बीमारी हो, कहते-कहते उसने फिर उसका हाथ बैठाने के लिए खींचा ।

किंतु वह बैठी नहीं, चिल्ला पड़ी, छोड़ दो सरला! तुम्हारे खींचने से मेरी अँगूठी भी गिर गई। एक तो वैसे ही मैं उसे नहीं पहिनती। आज ही पहिनी और गिर गई।

बातचीत का प्रवाह बदल गया। सब-की-सब घबराकर खड़ी हो गयीं। यहाँ-वहाँ जहाँ गिरी थी, उससे बहुत दूर तक अँगूठी की खोज होने लगी। वे करीब दस मिनट तक, उठकर, बैठकर, झुककर अँगूठी खोजती रहीं, पर वह न मिली। उनमें से एक तो मेरे बहुत पास तक आ गई। मैं घबराकर उठ बैठा। आशंका हुई कि कहीं अँगूठी का चोर मैं ही न समझा जाऊँ। जी चाहा कि मैं भी उनकी अँगूठी ढूँढ़ने लगूँ। पर उनकी अँगूठी बिना उनकी अनुमति के कैसे ढूँढ़ता?

मैं जानता था कि उनकी अँगूठी खोई है, फिर भी बातचीत का सिलसिला जारी करने के लिए उनके समीप पहुँचकर, कुछ संकोच के साथ मैंने पूछा, आप लोग क्या ढूँढ़ रही हैं? क्या मैं आपकी कुछ सहायता कर सकता हूँ?

अँगूठी की मालकिन बोल उठीं, मेरी अँगूठी गिर गई है। बड़ी कीमती अँगूठी है।

इसके बाद मैं कुछ न बोला, उन लोगों के साथ उनकी अँगूठी मैं भी ढूँढ़ने लगा। परंतु करीब आधे घंटे तक ढूँढ़ने पर भी जब अँगूठी नहीं मिली, तो वे सब हताश हो गयीं। मुझे उनकी दशा पर बड़ी दया-सी आई मैंने अँगूठी की स्वामिनी

से कहा, यदि आप मुझ पर विश्वास कर सकती हों तो आप निश्चिंत होकर अपने घर जाइए। अब रात बहुत हो चुकी है, कोई आदमी यहाँ आएगा नहीं और मैं रात भर यहीं रहूँगा। सवेरे उठकर आपकी अँगूठी ढूँढ़कर आपको दे जाऊँगा? बस आप मुझे अपना पता भर बतला दें।

पहिले तो वह कुछ झिझकी। सिर से पैर तक उसने एक बार मुझे देखा, फिर न जाने क्या सोचकर बोली, मेरा नाम वृजांगना है। मैं पं ...

पास की दूसरी युवती ने उसके अधूरे वाक्य को पूरा किया, पं. नवलकिशोर की स्त्री हैं।

वृजांगना फिर बोल उठी, मेरा मकान नं० 155 सिविल लाइन में है।

'वृजांगना' नाम सुनते ही मैं चौंक-सा पड़ा। 'वृजांगना' क्या वही वृजांगना है जिसके विषय में मैं बहुत कुछ सुन चुका हूँ? वही चरित्र-भ्रष्ट 'वृजांगना' है? ईश्वर! मैं सिहर उठा। मैं तो उसे देखना भी न चाहता था। किंतु अब क्या करता? उसकी अँगूठी ढूँढ़ देने का वचन दे चुका था। और वचन देने के बाद, पीछे हटना मैंने सीखा ही न था। अब मुक्ति का कोई साधन न देखकर मैं चुप ही रहा।

पास ही खड़ी हुई दूसरी युवती ने प्रश्न किया, आप रात भर यहीं रहेंगे, घर न जाएँगे?

मेरे मुंह से अचानक निकल गया, घर? मेरा घर कहाँ है? कहाँ जाऊँ? यह बात न जाने किस धुन में मैं कह तो गया, किंतु कहने के साथ ही मुझे अफसोस भी हुआ-आखिर यह बात इनसे मैंने क्यों कही? मैं बिना घर का हूँ या घर से बहुत विरक्त, यह इन स्त्रियों के सामने प्रकट करके, मैंने क्या इनसे किसी प्रकार की सहानुभूति पाने की आशा की थी?

किंतु बहुत टटोलने पर भी अपने हृदय में, उन स्त्रियों से किसी प्रकार की सहानुभूति प्राप्त करने की लालसा मुझे न मिली, अचानक इसी समय कहीं से मंदाकिनी आकर बोल उठी, ओहो ! योगेश भैया! तुम बिना घर के कब से हो गये? अच्छी बात है? मैं जाकर भाभी से पूछूँगी कि क्या भैया को घर से निकाल दिया है?

मंदाकिनी की बात का कुछ उत्तर न देकर मैंने दृढ़ और गंभीर स्वर में वृजांगना से कहा, मैंने आपसे अभी कहा न कि मैं आपकी अँगूठी सबेरे ढूँढ़कर दे दूँगा। और उस अँगूठी के लिए मैं रात भर यहाँ रहूँगा भी! यदि आपको मेरी बात पर विश्वास हो तो आप निश्चिंत होकर घर जाइए। आँगूठी आपको सबेरे मिल जाएगी।

वृजांगना ने निश्चितता की साँस ली। इस समय वह अधिक संतुष्ट जान पड़ती थी क्योंकि मुझे मंदाकिनी भी पहिचानती थी।

मंदाकिनी फिर बोली, योगेश भैया, तुम्हारे दृढ़-निश्चयी स्वभाव को कौन नहीं जानता? तुमने जब ढूँढ देने की जिम्मेदारी ली है तब बिरजा भाभी की अँगूठी मिले बिना न रहेगी।

वृजांगना ने फिर मुझ पर विनयपूर्ण दृष्टि डाली, और वह उन सब स्थियों के साथ चली गई। उस दृष्टि से जैसे उसने कहा कि मेरी अँगूठी न भूलना; जरूर ढूँढ़ देना ।

उसी बेंच पर पड़े-पड़े मैंने रात काट दी। सबेरे चिड़ियों के चहचहाने के साथ ही उठ बैठा। अभी पूरा-पूरा प्रकाश भी नहीं हो पाया था; मैंने उत्सुक आँखों को एक बार चारों तरफ अँगूठी के लिए घुमाया। किंतु वह कहीं न दिखी। फिर मैंने झुककर बेंच के नीचे देखा। नन्ही-सी अँगूठी जिसमें एक कीमती बड़ा-सा हीरा चमक रहा था, बेंच के पाए से सटी पड़ी थी। मैंने झुककर अँगूठी उठा ली। प्रयत्न करने पर भी वह मेरी किसी ऊँगली में न आई। मैंने उसे जेब में रखकर नल पर जाकर हाथ-मुँह धोया और फिर सिविल लाइन की ओर चल पड़ा।

बंगला ढूँढ़ने में मुझे विशेष प्रयत्न न करना पड़ा; क्योंकि वृजांगना और उनके पति पं. नवलकिशोर जी दोनों ही नगर के लब्धप्रतिष्ठ व्यक्तियों में से थे। चपरासी से मैंने अपना कार्ड

अंदर भिजवाया, जिसके उत्तर में स्वयं वृजांगना आती हुई दिखी। उस सादी सरलता की प्रतिमा वृजांगना के प्रथम दर्शन में ही मैं उसका भक्त हो गया। वह मुझे बड़े आदर और प्रेम के साथ ड्राइंग रूम में ले गई।

टेबल के पास बैठे हुए उसके पति अखबार पढ़ रहे थे। उसने अंदर जाते ही अपने पति का मुझसे परिचय कराया। फिर मेरी ओर देखकर उसने पति से कहा, इनके विषय में तो मैं अधिक नहीं जानती। पर इतना जानती हूँ कि कल आपने मेरे साथ अत्यंत सज्जनतापूर्ण बर्ताव किया है। आपका पूरा नाम तो अभी कार्ड पर ही देखा। इसके बाद वृजांगना ने अपने पति से शाम के समय का, अँगूठी के खोने का सारा किस्सा कह दिया। मैंने जेब से अँगूठी निकालकर धीरे से वृजांगना के सामने रख दी। अँगूठी पाकर वह कितनी प्रसन्न थी, यह उसकी कृतज्ञता-भरी आँखों और उल्लास भरे चेहरे से ही प्रकट हो रहा था। पं. नवलकिशोर जी के चेहरे पर कुछ अधिक भाव परिवर्तन न हुआ। वह केवल जरा-सा मुस्कराकर बोले, और यदि यह अँगूठी न लाते तब क्या करतीं विरजो?

वृजांगना ने विश्वाससूचक स्वर में कहा, लाते कैसे नहीं? अँगूठी तो मैंने इन्हीं के ऊपर छोड़ी थी न? सबके भरोसे थोड़े मैं अपनी यह अँगूठी छोड़ आती?

नवलकिशोर थोड़ा फिर मुस्करा गये। हँसी तो कुछ मुझे भी आई। परंतु यह सोचकर कि प्रथम परिचय में ही हँसने की स्वतंत्रता लेना कहीं मेरे पक्ष में अशिष्टता न समझी जाए, मैंने अपनी हँसी रोक ली; पर एक प्रश्न मेरे मस्तिष्क में बार-बार घूमने लगा। आखिर बिना परिचय के और बिना जान-पहिचान के वृजांगना ने मुझमें कौन-सी बात देखी जो वह मुझ पर इतना विश्वास कर बैठी? चेहरे से मैं नवलकिशोर को पहिचानता था, और वह मुझे; परंतु हमारा आपस में परिचय न था। उस दिन इस प्रकार उस अँगूठी ने हमारा आपस में परिचय कराया। उनके आग्रह से उस दिन मैंने उन्हीं लोगों के साथ चाय पी और उनके अनुरोध से कभी-कभी उनके घर आने भी लगा।

कुछ दिन उन लोगों के यहाँ आने-जाने के बाद, मैंने अनुभव किया, वे पति-पत्नी दोनों मिलनसार, हँसमुख, सीधे-सच्चे और सरल स्वभाव के व्यक्ति हैं। वृजांगना के विषय में मैंने जितनी तरह की बातें सुन रखी थीं वे मुझे सभी निर्मूल और अनर्गल प्रतीत हुईं। वृजांगना के हृदय की महानता और उसके सद्व्यवहारों ने मेरे हृदय में उसके प्रति श्रद्धा और विश्वास के ही भाव जाग्रत किए। उन दोनों पति-पत्नी के रहन-सहन, बात-व्यवहार को देखते हुए किसी प्रकार के संदेह के लिए कोई स्थान न रह जाता था।

वृजांगना सीधी, भोली और उदार प्रवृत्ति की स्त्री थी। उनके उस छोटे-से घर में प्रेम, विश्वास, आदर और आनंद

का ही आधिपत्य था। घृणा, अपमान, ईर्ष्या और डाह का वहाँ तक प्रवेश ही न हो पाता था। वृजांगना की यह धारणा थी कि अपने घर में आया हुआ शत्रु भी अपना अतिथि हो जाता है; और अतिथि का अपमान करना उसकी दृष्टि में बड़ा ही निंदनीय काम था। इसलिए अपने घर में आए हुए उन व्यक्तियों के साथ भी जिनके प्रति वृजांगना के हृदय में किसी प्रकार की श्रद्धा या आदर के भाव न होते थे, वह व्यक्ति बिना जलपान के कदाचित् ही वापिस जाता था। वह बुरे मनुष्यों से घृणा न करके उनकी बुराइयों से घृणा करती थी और भरसक उन्हें किसी प्रकार उन बुराइयों से बचाने का प्रयत्न भी करती। वह संसार के छल-प्रपंचों से परिचित न थी। उसके सामने भगवान् बुद्ध और महात्मा ईसा के महान् आदर्श थे जिनके अनुसार चलकर इस छोटी-सी जिंदगी में वह लोगों के साथ केवल कुछ भलाई ही कर जाना चाहती थी। इसीलिए उसे बहुत कम लोग समझ पाते थे। उसे तो वह समझ सकता था जो उसके पास, बहुत पास, पहुँचकर उसे देखे। दूर से देखने वालों के लिए वृजांगना एक पहेली और बड़ी जटिल पहेली थी, जिसे हल करना कोई साधारण बात न थी। मैं वृजांगना के जीवन के साथ बहुत घुल-मिल गया था। मैंने उसे अच्छी तरह देखा और भली-भाँति पहिचाना था। वृजांगना मानवी नहीं देवी थी। जिसे कदाचित् दैवी अभिशाप के ही कारण कुछ दिनों के लिए मानव-जन्म धारण करना पड़ा था। धीरे-धीरे हमारा मेल-जोल बहुत बढ़ गया। अब मेरे अभिन्न हृदय मित्रों

में से यदि कोई मेरे बहुत समीप था, तो वह थी वृजांगना। अपने सच्चे स्नेह और आदर से वृजांगना ने मुझे इस तरह बाँध लिया था कि मैं उसके छोटे-छोटे आग्रह और अनुरोध को भी न टाल सकता था। अब उसके अनुरोध से मेरे सभी काम नियमित रूप से होने लगे। उसके सरल प्रेम ने मुझमें नवस्फूर्ति फूँक दी। मैं अपने आप में नए जीवन का अनुभव करने लगा। मुझे ऐसा लगता था जैसे अभी-अभी संसार में प्रवेश किया हो।

मनुष्य में दो प्रकार की प्रवृत्तियाँ होती हैं। एक तो देव-प्रवृत्ति और दूसरी राक्षसी न जाने क्यों वृजांगना को देखते ही मेरी देव-प्रवृत्ति किधर अंतर्हित हो जाती और राक्षसी प्रवृत्ति इतनी प्रबल हो उठती कि उसे रोकना मेरे लिए बहुत कठिन हो जाता। वृजांगना को देखते ही मेरा ज्ञान, मेरा विवेक और मेरी बुद्धि जैसे सभी मेरा साथ छोड़ देते थे। इसके लिए मैं अपने-आपको न जाने कितना धिक्कारता था। नवलकिशोर को भैया और वृजांगना को भाभी कहा करता था। सचमुच ही उनके प्रति मेरे हृदय में यही पूज्य भाव थे। एकांत में इस दलील को सामने रखकर मैंने अपनी इन राक्षसी प्रवृत्तियों को कुचल डालने का न जाने कितना प्रयत्न किया। मैं चरित्रहीन न था; विवाहिता स्त्री मेरे लिए देवी की तरह पूज्य और आदर योग्य होती थी। वृजांगना को भी मैं इसी पूज्य दृष्टि से देखा करता था। उसके लिए मेरे हृदय में बड़े पवित्र और आदर के भाव

थे; किंतु यह पवित्र भाव उसी समय तक टिक सकते जब तक वह मेरे सामने न होती।

वृजांगना जैसे ही मेरे सामने आती मुझ पर न जाने कहाँ का राक्षस सवार हो जाता। मैं एक ज्ञानहींन पशु से भी गया बीता बन जाता। मैं अपनी ही आँखों में बड़ा पतित जंचने लगता। पर मेरा हृदय मेरे काबू से बाहर था। मेरी दोनों प्रवृत्तियों का आपस में युद्ध-सा रहता था। कभी-कभी तो मैं बड़ा ही उद्विग्न और व्यथित-सा हो जाता। मेरी इस विचलित अवस्था को वृजांगना और नवलकिशोर देखते परंतु मेरी मानसिक स्थिति को वह क्या समझ सकते थे? वे अपने प्रयत्न-भर सदा हर प्रकार से मुझे खुश रखने की ही फिक्र में रहते। उनका व्यवहार मेरे प्रति मधुरतर और प्रेमपूर्ण हो जाता था।

अपनी इस दानवी प्रवृत्ति को हर प्रकार से दबाने के लिए मैंने कई बार निश्चय किया कि मैं उनके घर ही न जाया करूँ। और इस उपाय में मैं कई बार आंशों तक सफल भी हुआ। परंतु मेरे ही न जाने से क्या हो सकता था? कई बार ऐसा हुआ कि मैं सुबह से शाम तक उनके घर नहीं गया, तो वृजांगना या नवलकिशोर अथवा कभी-कभी दोनों, मेरे घर पहुँच जाते और मेरा किया-कराया निश्चय मिट्टी में मिल जाता। उनके आग्रह और विशेषकर वृजांगना के प्रेमपूर्ण अनुरोध को टालने की मुझमें शक्ति न थी। विवश होकर मुझे उनके साथ फिर जाना पड़ता।

देवी वृजांगना और साधु-प्रकृति नवलकिशोर मेरे इन कुत्सित मनोभावों से परिचित न थे। मेरी दानवी प्रवृत्तियाँ कितनी भीषण, कितनी भयंकर और कितनी प्रबल हैं, मैं स्वयं भी तो न जानता था। परंतु उन्हें कुचलने के लिए, उनसे मुक्ति पाने के लिए जो कुछ भी किया जा सकता था, मैंने सब कुछ किया। साल भर बाद-

वही चैती पूर्णिमा थी और वही संध्या का समय, वही मन को फिसलाने वाली चांदनी रात; और थी वही वासंती हवा; आज फिर मैं बहुत उद्विग्न था। न जाने क्यों किसी मित्र का भी साथ न मिला और मैं घूमता हुआ कंपनी बाग के उसी कोने में पहुँच गया। मेरी चिर-परिचित बेंच कदाचित् मेरी ही प्रतीक्षा कर रही थी। मैं उस पर गिर-सा पड़ा और क्षण भर के लिए मैंने उसी शांति का अनुभव किया जो बालक माता की गोद में पाता है। क्षण भर बाद ही, साल भर पहले की एक-एक स्मृति सिनेमा के चित्रपट की तरह मेरी आँखों के सामने फिरने लगी। इस जगह हरी दूब पर व्याकुलता से मेरा लेटना, घूमती हुई रमणियों का आना, अँगूठी का गिरना और फिर उनकी खोज। मुझे याद आया, उस दिन भी मैं बहुत विकल था। संसार से विरक्त और जीवन से थका हुआ । आज मैं बहुत आंशों में संसार में अनुरक्त था, परंतु शांति जीवन में आज भी न थी। साल भर पहले की उस अशांति से आज की अशांति कहीं अधिक उद्वेगपूर्ण, भीषण और प्रलयंकारी थी। इस अशांति में मैं जला जा रहा था। मुक्ति का मार्ग ढूँढे भी न मिल रहा था।

अंत में बहुत कुछ सोचने-विचारने के बाद मैं इस निर्णय पर पहुँचा कि मुझे यह नगर छोड़ देना चाहिए। नगर छोड़ने का पक्का निश्चय करके मैंने एक प्रकार की शक्ति-सी पाई।

नवलकिशोर बाहर गये थे। अपने घर की और वृजांगना की देखभाल वे मेरे ही ऊपर छोड़ गये थे। नगर छोड़ने से पहले पाँच मिनट के लिए वृजांगना से मिल लेना शायद अनुचित न होगा, यही सोचकर मैं उसके मकान की तरफ चला। साथ ही मुझे यह भी जानना था कि नवलकिशोर कब लौटने वाले हैं। जब मैं उनके घर पहुँचा करीब आठ बज रहे थे। वह सबसे ऊपर वाली छत पर एक कालीन डाले पड़ी थी। मुझे देखते ही उठकर बैठ गई।

मैं उसके घर आज कई दिनों में आया था। वह कुछ नाराजी के साथ अधिकारपूर्ण स्वर में किंतु मुस्कराती हुई बोली, तुमने तो आना ही छोड़ दिया योगेश? क्या किया करते हो? "वे" घर नहीं हैं तो क्या तुम्हें भी न आना चाहिए?

मैंने उसकी बात का कुछ उत्तर न देते हुए पूछा, नवल भैया कब आएँगे विरजो?

-कल सबेरे चार बजे की गाड़ी से, वह प्रसन्न होती हुई बोली।

मैंने एक निश्चिंतता की साँस ली। मैं सुबह यहाँ से जाऊँगा। उस समय तक नवलकिशोर आ जाएँगे। विरजो

अकेली न पड़ेंगी। इससे मुझे प्रसन्नता ही हुई। पास ही आए हुए कई दिन के 'लीडर' पड़े थे जिनसे विरजो को विशेष प्रेम न था; अतएव वे खोले भी न गये थे। मैंने तारीखवार उन्हें देखना शुरू किया। मुझे पढ़ते देख वृजांगना फिर कुछ न बोली। वह मेरे स्वभाव से भली-भाँति परिचित थी; अतएव पढ़ने-लिखने के समय वह मुझसे कभी किसी प्रकार की बातचीत न करती थी। कुछ देर बाद मेरी तंद्रा-सी टूटी । घड़ी पर नजर पड़ते ही देखा कि काफी रात बीत चुकी है। मैं तो केवल पाँच मिनट के लिए आया था।

वृजांगना सो चुकी थी। काले कालीन पर उसका मुँह पृथ्वी पर एक दूसरा पूर्णिमा का चाँद-सा दिख रहा था। उसे मैं क्षण भर देखता रहा। मेरा विवेक, मेरा ज्ञान, मेरी बुद्धि जाने कहाँ अंतर्निहित हो गई। मैं अपने आपे में न रह गया।

आज उसकी स्मृति ही सौ-सौ बिच्छुओं के दंशन से भी अधिक पीड़ा पहुँचा रही है, किंतु उस समय तो मैं शायद बेहोश था। मुझे तो होश उस समय आया जब मैं वृजांगना को फूट-फूटकर रोते देखा। मुझे याद है उसके यही शब्द थे 'तुमने तो मुझे कहीं का न रखा योगेश।' सचमुच मैंने घोरतम पाप किया था, जिसका प्रायश्चित कदाचित् हो ही नहीं सकता था! मुझसे अधिक पापात्मा संसार में भला कौन हो सकता था? मैं था विश्वासघाती, नीच और परस्त्रीगामी। अपना कालिमा से पुता हुआ मुँह फिर मैं वृजांगना को न दिखा सका। चुपचाप

उठा और उठकर सीढ़ियों से नीचे उतरकर अपने घर आया। उस दिन मैं फिर रात भर सो न सका। अपने दुष्कृत्य पर कितना लज्जित, कितना क्षुभित और कितना क्रोधित था मैं कह नहीं सकता। बार-बार यही सोचता था कि आखिर मैं कई बार मरते-मरते क्या इसी कलुषित कार्य को करने के लिए बच गया। यदि पहले ही मर चुका होता तो यह अनर्थ होता ही क्यों?

ज्यों-त्यों करके रात काटी। अभी पूरा प्रकाश भी न हो पाया था कि अपनी स्त्री से यह कहके कि मैं एक आवश्यक कार्य से कुछ दिनों के लिए बाहर जा रहा हूँ, अपना जरूरी सामान लेकर घर से निकला। कहाँ जाने के लिए? कह नहीं सकता; किंतु जाना चाहता था दूर-संसार से बहुत दूर जहाँ से किसी भले आदमी पर मुझ पापी की छाया भी न पड़ सके। किंतु घर से निकलकर अभी दस कदम भी न चल पाया था कि नवलकिशोर का नौकर शीघ्रता से आता हुआ दिखा । किसी अज्ञात आशंका से मैं कांप-सा उठा; किंतु फिर भी मैंने जैसे उसे देखा ही न हो, इस भाव से तेजी से कदम बढ़ाए।

नौकर ने मुझे भारी आवाज और दुःख मिश्रित स्वर में पुकारकर कहा-ठहरो भैया! कहां जाते हो? तुम्हें बाबूजी ने जल्दी बुलाया है।

मेरे पैरों के नीचे से जैसे धरती खिसक गई। नवल ने आते ही मुझे क्यों बुलाया? क्या वृजांगना ने उनके आते ही...मेरी समझ में कुछ न आया। फिर भी अपने को बहुत संभालकर मैंने भीखू से पूछा, इसी समय बुलाया है? क्या कोई बहुत जरूरी काम है?

बूढ़ा नौकर रो पड़ा। रोते-रोते बोला, जरूरी काम क्या है भैया, बहू जी की तबीयत बहुत गाफिल है। संझा को अच्छी भली सोई थीं और अब तो भगवान जो उठा के खड़ी करें तो खड़ी हों। नहीं तो कुछ आशा नहीं दिखती ।

मुझे चक्कर-सा आने लगा। भीखू के साथ उसी समय नवल के घर की ओर चला, रात जिस घर में फिर कभी न जाने की प्रतिज्ञा करके निकला था, उसी घर की ओर फिर विक्षिप्तों की तरह चल पड़ा। आह! किंतु वहां तो मेरे पहुँचने के पहले ही सब कुछ समाप्त हो चुका था। नवलकिशोर बच्चों की तरह फूट-फूटकर रो रहे थे।

उसका कंचन-सा शरीर चिता पर धर दिया गया। आग लगा दी गई और वह धू-धू करके जल उठी। हमारे देखते-ही-देखते उसका सोने का शरीर राख में मिल गया। इसी प्रकार मुझे भी जीते ही जला देना चाहिए। इस हरी-भरी छोटी-सी गृहस्थी को बीहड़ बनाने वाला नर-पिशाच तो मैं ही हूँ न! मैं किस आग में जल रहा था इसे मेरे सिवा और कौन समझ सकता था?

सब लोगों के चले जाने के बाद बची-खुची राख को समेटकर उसी समय मैंने वह नगर छोड़ दिया। उसी राख को यहाँ रखकर मैंने उसकी समाधि बना ली है और न जाने कितनी चैती पूर्णिमा उस समाधि को पश्चात्ताप के आँसुओं से धोते हुए मैंने बिता दी हैं। पश्चात्ताप अभी तक पूरा नहीं हुआ। मैं रात-दिन जलता हूँ। एक सुंदर से फूल को धूल में मिलाने का पाप मेरे सिर पर सवार है।

दो सखियाँ

(1)

मालिन क्यारियों को निरा रही थी। ऊपर से रग्घू ने आकर कहा- ऊपर जा बाई साहब बुला रही हैं। मालिन घबरायी। सबेरे ही सबेरे बाई साहब ने बुलाया है कोई अपराध तो नहीं हो गया है। वह हाथ की खुरपी भी रखना भूल गयी। क्षण भर में हाथ में खुरपी लिए बाई साहब के सामने जा खड़ी हुई और पास ही उसकी धोती का पल्ला पकड़े खड़ी थी उसकी छोटी-सी बेटी- रमिया।

मालिन रोज-रोज हमारी मुन्नी पढ़ने जाती है और स्कूल में बैठी-बैठी थक जाती है। इधर तुम्हारी रमिया दिन भर घास खोदती है और बगीचे में मजा करती है। अब यह न होगा। रमिया को भी पढ़ने जाना पड़ेगा।

मालकिन का स्वर सुनते ही मालिन का भय जाता रहा। बोली- रमिया, तो आपकी ही है बाई साहब चाहे पढ़ने भेजो चाहे बगीचे में काम कराओ। पर रमिया पढ़ने जायेगी तो मुन्नी रानी का बगीचा न सूख जायगा? उसे कौन सींचेगा?

किसी के बोलने के पहिले ही मुन्नी बोल उठी-तो फिर हम भी बगीचा सींचेंगे। रमिया पढ़ने न गयी तो हम भी न जायेंगे चाहे कुछ भी हो। मालिन ने कहा-पर रमिया के पास पट्टी भी नहीं है पुस्तक भी नहीं है कौन देगा मुन्नी रानी?

मुन्नी बोली- पट्टी और पुस्तक का बहाना मत करो मालिन। हम देंगे। पर रमिया पढ़ने नहीं जाती तो हम भी नहीं जाते। यह लो- कहती हुई पट्टी पुस्तक फेंककर मुन्नी भागी।

माँ ने उसे पकड़कर कहा- ठहर जा मुन्नी रमिया भी जायेगी पढ़ने। पर मुन्नी तो किसी-न-किसी बहाने पढ़ने जाना ही नहीं चाहती थी। मालिन के हाथ से खुरपी लेती हुई बोली माँ रमिया कैसे जायेगी पढ़ने? उसके पास साफ कपड़े कहाँ हैं? मैं अब बगीचे में काम करने जाती हूँ। मुन्नी जीने से नीचे उतरने लगी।

मुन्नी को आखिर पढ़ने के लिए जाना ही पड़ा। साथ में जबरदस्ती रमिया को भी जाना पड़ा। पट्टी पुस्तक घर से ही

ढूँढ़कर दे दी गयी। मुन्नी का ही एक पुराना फ्राक पहिनकर रमिया पहिले दिन स्कूल गयी। धीरे-धीरे दोनों में खूब मेल हो गया। अब वे स्कूल जाने से घबराती न थीं। दोनों साथ स्कूल जातीं साथ लौटतीं और साथ-साथ पढ़तीं। अब मुन्नी को भी कोई शिकायत न थी कि वह मुफ्त में पढ़ने जाती है और रमिया दिन भर मजा करती है।

दिन जाते देर नहीं लगती। देखते-देखते लड़कियाँ बड़ी हो गयीं। दोनों जिस दिन से साथ-साथ पढ़ने लगीं, उनमें सद्भावों के साथ-साथ गाढ़ी मैत्री भी हो गयी। मुन्नी अपने किसी भी व्यवहार से यह न प्रकट होने देती कि रमिया उसकी आश्रिता मालिन की बेटी है। रात को रामी जरूर माँ के पास सोती थी बाकी सारे समय मुन्नी उसे नीचे आने ही न देती थी। इसी साल दोनों ने मैट्रिक की परीक्षा दी है। मुन्नी के पिता मुन्नी के ब्याह की तैयारी में हैं। पर रामी की माता के सामने एक समस्या थी। वह सोच रही थी रामी इतना पढ़ गयी है। चाल-ढाल, बात-व्यवहार से वह मुझ अनपढ़ की लड़की सी जान ही नहीं पड़ती। मैं इसका विवाह कैसे और कहाँ करूँगी? फिर वह सोचती नहीं विवाह कोई बात नहीं। मेरी रामी स्कूल की मास्टर बनेगी। और तब रामी मुझे यहाँ मालिन का काम न करने देगी। तो क्या मैं अपने इतने अच्छे मालिक को छोड़कर, चली जाऊँगी? यहाँ मेरी जिन्दगी बीती है। यहीं मरूँगी भी।

रामी दिन भर दूसरी चिन्ता में घूमा करती थी। उसे माँ के साथ बगीचे में काम करने में लज्जा और संकोच मालूम होता था। पर यह भी न सहा जाता था कि उसकी माँ दिन भर मेहनत करे और वह बैठी रहे। माँ को काम करते देख उसे बड़ी वेदना होती पर कोई दूसरा उपाय भी तो न था। उसने सोचा परीक्षाफल के निकलते ही चाहे पास होऊँ, चाहे फेल, मैं कहीं न कहीं नौकरी कर लूँगी। पन्द्रह बीस रुपये ही मिलेंगे, तो क्या हुआ, माँ को तो दिन भर मजदूरी न करनी पड़ेगी। माँ ने बहुत कष्ट उठाया है। अब वे बूढ़ी हो चलीं। अब उन्हें अधिक दिन कष्ट न सहने दूँगी। और इसी निश्चय के अनुसार उसने कई स्कूलों में प्रार्थनापत्र भी भेज दिये।

मुन्नी की खिचड़ी अलग ही पक रही थी। उसे चिन्ता थी रामी के ब्याह की। वह सोच रही थी हम दोनों साथ-साथ पढ़ीं और बड़ी हुईं। साथ ही मैट्रिक की परीक्षा दी और अब विवाह केवल मेरा हो रहा है। रामी का भी तो विवाह होना चाहिए। रामी का विवाह उसकी माँ के लिए न होगा। और फिर रामी को पढ़ा-लिखाकर किसी अनपढ़ के गले से बाँधना भी कितना बुरा होगा। पिता की लाड़ली मुन्नी अपने इन उठते हुए भावों को न दबा सकी। एक दिन पिता से बोली- बाबूजी, रामी को तुम्हीं ने पढ़ाया-लिखाया है। उसके विवाह की फ़िक्र भी तुम्हीं

को करनी पड़ेगी। अब उसका विवाह किसी गँवार से तो न हो सकेगा।

पिता ने आश्वासन के स्वर में कहा- इस विवाह के बाद रामी के ही विवाह का नम्बर आयेगा। मैं लड़के की तलाश में हूँ।

मुन्नी का भाई जगत सिंह जो इधर पाँच साल से विदेश में था, आज आ रहा है। मुन्नी के पिता लड़के को लेने पहले से बम्बई पहुँच चुके हैं। शाम को गाड़ी आयेगी। मुन्नी और रामी दोनों सखियाँ बड़ी लगन के साथ जगत सिंह का कमरा सजा रही हैं। मुन्नी बड़ी ही प्रसन्नचित और चंचल स्वभाव की लड़की थी। वह स्वयं खुश रहना जानती थी और पास रहने वालों को भी खुश रहने के लिए विवश किये रहती थी। भाई की मेज पर एक सुन्दर टेबुलक्लाथ बिछाते हुए मुन्नी बोली- देख, रामी मैंने तेरे विवाह के लिए भी पिताजी से कहा है। वह कोई सुन्दर सा तेरे ही सरीखा पढ़ा-लिखा वर खोजकर तेरा भी विवाह कर देंगे। और मुन्नी ने एक हल्की-सी चपत रामी के गालों पर जड़ दी। रामी उदासी में बोली-पर मैं तो विवाह करूँगी ही नहीं।

मुन्नी हँसती हुई बोली- ऐसा तो मत बोल रामी। तू मुझसे डरती नहीं। मैं कहीं मचल गयी तो पिताजी को मेरे विवाह के पहिले तेरा विवाह करना पड़ेगा। स्कूल जाने की बात भूल गयी

क्या? और दोनों हँस पड़ीं। अचानक श्रृंगार मेज के पास बड़े आइने में दोनों को अपना प्रतिबिम्ब दिख पड़ा। मुन्नी कुछ देर तक देखती रही, फिर बोली रामी मैं तुझसे गोरी हूँ पर सुन्दर तू ही मुझसे ज्यादा है। अच्छा देख, तुझसे कहे देती हूँ, तू मेरे पति के सामने मत आना। कहीं ऐसा न हो कि वह मुझे छोड़कर तुम्हें पसन्द कर लें।

मुन्नी को एक धक्का देकर रामी बोली- अब तुम मेरा मजाक तो मत उड़ाओ। कहाँ तुम और कहाँ मैं? बहुत फर्क है। तुम मुझसे गोरी भी है हो, सुन्दर भी हो। पर फिर भी तुम घबराना मत। मैं तुम्हारे पति के सामने न आऊँगी। तुम्हारे ऊपर उनका जो प्रेम होगा उससे कण भर भी न लूंगी। अब खुश हुई।

मुन्नी बोली- पर सुन्दर मुझसे ज्यादा तू ही है, मेरा दिल कहता है और यह दर्पण भी कहता है। जी चाहता है इसे तोड़ दूँ। फिर कुछ ठहरकर बोली -अच्छा भैया को आने दो जिसे सुन्दर कहेंगे बस वही सुन्दर। ठीक है न?

और फिर चाहे बन्दर को भी सुन्दर कह दें-रामी ने कहा और एक फूलदान में फूल सजाने लगी। दोनों हाथ रामी की पीठ पर धम से पटकते हुए मुन्नी बोली- पर यहाँ बन्दर कौन है तू कि मैं, बोल न?

रामी ने कहा- न तुम, न मैं, पर कहीं वे किसी तीसरे को ही सुन्दर बता दें तो?

जगत सिंह को लेने उनके पिता मुन्नी और बहुत से लोग स्टेशन पहुँचे थे, घर आये। बहुत देर तक घर में चहल-पहल मची रही।

जगत कुछ अस्वस्थ था। सबसे विदा लेकर वह सोने के लिए अपने कमरे में आया। कपड़े उतारकर वह लेट गया। वह सचमुच थका हुआ था। किन्तु एक ही मिनट के बाद आँधी के झोंके की तरह दोनों दरवाजों को फटाफट खोलती हुई, पहुँची मुन्नी। एक हाथ से वह रामी को घसीटती हुई ला रही थी वह बोली- भैया सोने से पहले तुम्हें एक बात का फैसला करना है। सच-सच कहना! मैं ज्यादा सुन्दर हूँ कि यह? जगत हँस पड़ा, बोला- मुन्नी तू अभी तक निरी बच्ची ही है। जा मुझे सोने दे। मैं थक गया हूँ। और वह करवट बदलकर सो गया।

भैया तुम अभी तक बड़े खराब हो- कहती हुई रूठकर, मुन्नी चली गयी। किन्तु इसके बाद जगत सो न सका। उसके सामने रह-रहकर शरमाई हुई रामी का चित्र आ जाता था। वह यही निर्णय न कर सकता था कि यह लड़की कौन है विवाह में दूर-दूर के बहुत से सम्बन्धी-रिश्तेदार आये होगें। मुमकिन

है उन्हीं में से किसी की लड़की हो। पर इसे तो जगत ने कभी देखा है। चेहरा पहचाना हुआ-सा लगता है। जिस बात का उतर वह मुन्नी को न दे सका था वही उत्तर बराबर उसके दिमाग में चक्कर काट रहा था- कितनी सुन्दर लड़की है!

सुबह छः भी न बज पाये थे मुन्नी के ऊधम के मारे जगत का सोना मुश्किल हो गया। जगत उठकर बैठ गया। मुन्नी से बोला- मुन्नी जरा गम्भीर बनो बहिन। अब तेरी शादी होने वाली है। जगत की दृष्टि दरवाजे की ओर गयी। दो सुकुमार पैर दरवाजे की ओट में ठिठक गये थे। मुन्नी ने जैसे जगत की बात सुनी ही न बोली- भैया देखो! रामी अब तुमसे शरमाती है। आती नहीं अन्दर। वह देखो वहाँ खड़ी है। और एक बार भैया तुम्हे याद है। न? वह कितनी मचली कि तुम्हीं से शादी करेगी। और फिर जब तुमने कहा कि तुमने शादी कर ली और इसे दो पैसे दे दिये तब कहीं यह मानी। मुन्नी एक साँस में यह सब कहकर हँस पड़ी। जगत चौंक पड़ा- तो यह रामी है? आओ रामी, अन्दर आओ! वहाँ क्यों। खड़ी हो? चाहो तो दो पैसे और ले लो। कहकर वह हँस पड़ा।

रामी लाज और संकोच में सिमटी हुई-सी भीतर आयी। पर वह खुलकर जगत से बातचीत न कर सकी। न जाने कहाँ की लज्जा ने उसकी जबान पर ताले डाल दिये। वह चुपचाप

खड़ी रही जगत ने उससे बोलने की कोशिश बहुत की पर उसका सिर नीचे से ऊपर न उठा।

जगत ने कहा- लो तुम मत बोलो। मैं तो जाता हूँ। मुन्नी की समझ में न आया कि आखिर जगत भैया से रामी इतना क्यों शरमाती है? उसने रुठकर कहा- जा तू बड़ी खराब है रामी! तूने मेरे जगत भैया का अपमान किया है। तू उनसे नहीं बोली। मैं भी तुमसे न बोलूँगी। रामी ने नम्रता से कहा- नहीं बहिन मेरी अपमान करने की नियत नहीं थी। तुमने छुटपन की ऐसी बात कह दी जिससे शर्म के मारे मैं मरी जा रही थी। फिर कैसे बोलती?- और दोनों सखियों में उसी समय मेल भी हो गया।

उसी दिन लड़कियों का रिजल्ट निकला- दोनों पास थीं। मुन्नी सेकेन्ड डिवीजन में और रामी फर्स्ट में। मुन्नी ने इससे कुछ बुरा न माना। वह रामी के पास आकर उससे लिपटकर बोली- देख रामी तू सभी बातों में मुझसे बढ़ती है। मैं सेकेन्ड में पास हुई तू फर्स्ट में। यह ठीक नहीं। तुझे मेरे साथ-साथ चलना चाहिए।

रामी ने कहा- सभी बातों में नहीं बढ़ रही हूँ! विवाह तुम्हारा ही पहले, हो रहा है।

कौन जाने तू इसमें भी मुझसे आगे न बढ़ जाय-कहती हुई मुन्नी भाग गयी।

रामी जगत के कमरे से फूलदान लेकर बाहर आ ही रही थी कि इतने में ही वह पहुँच गया। वह कई दिनों से रामी से एकान्त में कुछ बात करना चाहता था। उसने रामी का हाथ पकड़कर अन्दर खींच लिया। बोला-रामी, ठहरो, मुझे तुमसे कुछ बातें करनी हैं। रामी घबरा गयी। इधर-उधर देखती हुई बोली-आप मेरा हाथ छोड़ दीजिए। कोई देख लेगा।

जगत बोला- पर तुम ठहरोगी, जाओगी तो नहीं?

रामी का स्वर काँप रहा था, वह बोली- ठहरूँगी पर पहिले आप मेरा हाथ छोड़ दीजिए।

रामी का हाथ छोड़ जगत दरवाजे के पास रास्ता रोककर खड़ा हो गया और बोला-रामी मेरे पास भूमिका बाँधने का समय नहीं है। मैं तुमसे विवाह करना चाहता हूँ। तुम्हें स्वीकार है?

रामी काँप उठी, उसने कहा-पर यह कैसे हो सकता है! मैं मालिन की लड़की हूँ। और आप क्षत्रिय!

फिक्र मत करो मैं केवल तुम्हारी राय जानना चाहता हूँ।

अब रामी कैसे बोले? सिर नीचा करके वह खड़ी रही। पर अनुभवहीन जगत क्या जाने कि यह मौन स्वीकृति का सूचक है। वह अधीर होकर बोले- रामी उत्तर दो, हाँ या ना। मैं तुम्हारे मुंह से सुनना चाहता हूँ। तुम खुशी से स्वीकर कर लोगी तो ठीक है। इनकार करोगी तो मैं तुम पर किसी प्रकार का दबाव न डालूँगा। सच्चे आदमी की तरह मैं तुमसे पूछता हूँ। क्योंकि मैं तुमसे विवाह करना चाहता हूँ, पर तुम्हारी अनुमति से, तुम्हारी इच्छा के विरूद्ध नहीं।

रामी फिर चुप।

जगत से रहा न गया उसने फिर रामी का हाथ पकड़ लिया और बोला- रामी मेरा भविष्य तुम्हारे उत्तर पर निर्भर है। बोलो तुम्हारी इच्छा के खिलाफ मैं तिल भर इधर-उधर न जाऊँगा। बोलो तुम्हें स्वीकार है?

मैं बहुत पहिले ही स्वीकार कर चुकी हूँ। कहती हुई हाथ छुड़ाकर रामी भाग गयी। और सीधी जाकर अपनी माँ की खाट पर लेट गयी। उसने मन ही मन कहा- रामी के चण्डी ठाकुर, तुम्हीं रामी को भुला देते तो रामी का दुनिया में कौन रह जाता ?

जगत ने अपना निश्चय पिता से कहा। पिता के पास काफी पैसा था। रुपयों का उन्हें लोभ न था। फिर वे स्वयं रामी को बहुत चाहते थे। इस बात पर किसी को कुछ एतराज हुआ तो जगत की माँ को। वे किसी बड़े आदमी से ही सम्बन्ध जोड़ना चाहती थीं। एक मालिन की लड़की से ब्याह कर, उनके दृष्टिकोण से समाज में उनकी प्रतिष्ठा बढ़ने की जगह कम हो जायगी। पर उनकी कुछ न चली। एक ही मण्डप में रामी का विवाह जगत से और मुन्नी का विवाह शान्तिस्वरूप से हो गया।

मंझली रानी

(1)

वे मेरे कौन थे? मैं क्या बताऊँ? वैसे देखा जाय तो वे मेरे कोई भी न होते थे। होते भी तो कैसे? मैं ब्राह्मण, वे क्षत्रिय; मैं स्त्री, वे पुरुष; फिर न तो रिश्तेदार हो सकते थे और न मित्र आह! यह क्या कह डाला मैंने! मित्र? भला किसी स्त्री का कोई पुरुष भी मित्र हो सकता है? और यदि हो भी तो क्या इसे समाज बर्दाश्त करेगा? यहाँ तो किसी पुरुष का किसी स्त्री से मिलना-जुलना या किसी प्रकार का व्यवहार रखना भी पाप है। और यदि कोई स्त्री किसी पुरुष से किसी प्रकार का व्यवहार रखती है, प्रेम से बातचीत करती है। तो वह स्त्री भ्रष्टा है, चरित्र-हीन है, नहीं तो पर पुरुष से मिलने-जुलने का और मतलब ही क्या हो सकता है? खैर, न तो मुझे समाज से कुछ लेना-देना है, न समाज से कुछ सरोकार। समाज ने तो मुझे दूध की मक्खी की

तरह निकाल कर दूर फेंक दिया है। फिर मैं ही क्यों समाज की परवाह करूँ?

मेरे माता-पिता साधारण स्थिति के आदमी थे। परिवार में माता पिता के अतिरिक्त मुझसे बड़े मेरे तीन भाई और थे। मैं सबसे छोटी थी। छोटी होने के कारण घर में मेरा लालन-पालन बड़े लाड़ प्यार में हुआ था। मेरे दो भाई बनारस हिन्दू-युनीवर्सिटी में पढ़ते थे और दोनों से छोटा राजन मैट्रिक में पढ़ रहा था। मेरे पिता जी संस्कृत के पूरे पंडित थे और पुरानी रूढ़ियों के कट्टर पक्षपाती। यहाँ तक कि वे मेरा विवाह नौ साल की ही उमर में करके गौरीदान के अक्षय पुण्य के भागी बनना चाहते थे। कई लोगों के और विशेषकर मेरे भाइयों के विरोध के कारण, ही वे ऐसा न कर सके थे। जब मैं पाँचवीं अंग्रेजी में पढ़ रही थी और मेरी आयु चौदह साल के लगभग थी, तब मेरे माता-पिता को मेरे विवाह की चिन्ता हुई। वे योग्य वर की खोज में थे ही कि संयोग से ललितपुर के तालुकेदार राजा राममोहन हमारे क़स्बे में शिकार खेलने के लिए आए। क़स्बे से लगा हुआ ही एक बड़ा जंगल था, जहाँ शिकार खेलने का अच्छा मौक़ा था। उनका खेमा जंगल से बाहर क़स्बे के पास ही था। क़स्बेवालों के लिए यह एक खास तमाशा-भी हो गया था। उनके टेन्ट में कभी ग्रामोफोन बजता और कभी नाच-गाना होता है लोग बिना पैसे के तमाशा देखने को झुन्ड-के-झुन्ड जमा हो जाते। एक दिन मैं भी राजन और पिता

जी के साथ राजा साहब के डेरे पर गई। मेरे पिता जी की राजा साहब से जान पहिचान हो गई थी। हम लोग उन्हीं के पास जाकर कुर्सियों पर बैठ गये। राजा साहब ने हमारा बड़ा सम्मान किया। लौटते समय उन्होंने हम लोगों को अपनी ही सवारी पर भेजा और साथ में बहुत से फल, मेवा और मिठाई इत्यादि भी रखवा दी! क़स्बे की कई लड़कियाँ और लड़कों ने मुझे राजा साहब की सवारी पर लौटते हुए उत्सुक नेत्रों से देखा। किन्तु उस सवारी पर बैठ कर मैं अनुभव कर रही थी कि जैसे मैं भी कहीं की रानी हूँ। और मैंने उनकी ओर आँख उठाकर भी न देखा।

दूसरे दिन राजा साहब ने स्वयं पिता जी को बुलवा भेजा और उनसे मिलकर दो-तीन घंटे बाद जब पिता जी लौटे, तो इतने प्रसन्न थे कि उनके पैर धरती पर पड़ते ही न थे। ऐसा मालूम होता था कि वे सारे संसार को जीतकर आ रहे हैं। आते ही उन्होंने मेरी पीठ ठोंकी और मां से बोले, लो, इससे अच्छा और क्या हो सकता था? तारा का विवाह राजा साहब के मंझले लड़के से तय हो गया। माता-पिता दोनों ही इस सम्बन्ध से बड़े प्रसन्न हुए।

(2)

मेरे भाइयों ने जब सुना कि तारा का विवाह, एक तालुकेदार के विलासी लड़के से, जो मामूली हिन्दी पढ़ा-लिखा है, तय हुआ है, तो उन्होंने इसका बहुत विरोध किया। किन्तु उनके

विरोध को कौन सुनता था। पिता जी तो अपनी हठ पकड़े थे, उनकी समझ में इससे अच्छा घर और वर मेरे लिए कहीं मिल ही न सकता था। सबसे अधिक आकर्षक बात तो उनके लिए थी वह कि वर बहुत बड़े खानदान, बीस बिस्वे कनवजियों के घर का लड़का था। फिर राजा से रिश्तेदारी करके क़स्बे में उनकी इज़्ज़त बढ़ न जाएगी क्या! इसके अतिरिक्त, विवाह का प्रस्ताव भी तो स्वयं राजा साहब ने ही किया था नहीं तो भला मामूली हैसियत के मेरे पिता जी यह प्रस्ताव कैसे ला सकते थे? सबसे बढ़कर बात तो यह थी कि दहेज के नाम से कुछ न देकर भी लड़की इतने बड़े घर में ब्याही जाती थी; फिर भला इतने बड़े-बड़े आकर्षणों के होते हुए भी पिता जी इस प्रस्ताव को कैसे टाल देते?

पिता जी मेरी किस्मत की सराहना करके कहते, मेरी तारा तो रानी बनेगी। रानी बनने की खुशी में मैं फूली-फूली फिरती थी! भाइयों का विरोध करना, मुझे अच्छा न लगता, किन्तु मैं उनके सामने कुछ कह न सकती थी। खैर, भाइयों के बहुत विरोध करने पर भी मेरा विवाह मंझले राजा मनमोहन के साथ हो ही गया।

फूलों से सजी हुई मोटर पर बैठकर मैं ससुराल के लिए रवाना हुई। हमारे क़स्बे और ललितपुर के बीच में केवल

सत्ताइस मील का अंतर था; इसलिए बारात मोटरों से ही आई और गई थी। जीवन में पहली बार मोटर पर बैठी थी। मुझे ऐसा मालूम होता जैसे हवा में उड़ रही हूँ। सत्ताइस मील तक मोटर पर बैठने के बाद भी जी न भरा था। यही चाहती थी कि रास्ता लंबा होता जाए और मैं मोटर पर घूमा करूँ। किंतु क्या यह संभव था? आख़िर को एक बड़े भारी महल के जनाने दरवाजे पर मोटर जाकर खड़ी हो गई। सास तो थी ही नहीं, इसलिए मेरी जिठानी बड़ी रानी जी परछन कर मुझे उतार ले गयीं। मुझे एक बड़े भारी सजे हुए कमरे में बिठा दिया गया, स्त्रियाँ बारी-बारी से मुँह खोल के देखने लगीं। कोई रुपया, कोई छोटे-मोटे जेवर या कपड़े मेरी मुँह-दिखाई में दे-देकर जाने लगीं। मेरी जिठानी बड़ी रानी ने भी मेरा मुँह देखा, कुछ बोली नहीं, 'उँह' करके मेरी अँगुली में अँगूठी पहना दी।

मैंने सुना कि वे पास के किसी कमरे में किसी से कह रही थीं, देखा बहू को? क्या तारीफ के पुल बाँध रहे थे। ससुर जी के कहने से तो बस यही मालूम होता था कि इंद्र की अप्सरा ही होगी! पर न रूप न रंग, न जाने क्यों सुंदर कह-कह के कंगले की बेटी ब्याह अपनी इज्जत हलकी की। रोटी-बेटी का व्यवहार तो अपनी बराबरी वालों में होता है, बिरजू की माँ! पर ससुर जी तो इसके रूप पर बिलकुल लट्टू ही हो गये थे। मैं सुंदर नहीं तो क्या मुझे सुंदरता की परख भी नहीं है? न जाने कितनी सुंदरियाँ देखी हैं, यह तो उनके पैरों की धूल के बराबर

भी न होगी। मालूम होता है, उमर के साथ-साथ ससुर जी की आँखें भी सठिया गई हैं, मंझले राजा को डुबो दिया।

बिरजू की माँ उनकी हाँ में हाँ मिलाती हुई बोली, 'सुंदर तो है रानी जी! जैसी आप लोग हैं वैसी ही है। पर अभी बच्ची है। जवान होगी तो रूप और निखर आएगा।'

बड़ी रानी तिलमिला उठीं और बोली, रूप निखरेगा पत्थर! होनहार बिरवान के होत चीकने पात। निखरने वाला रूप सामने ही दिखता है।

फिर वे जग विरक्ति के भाव में बोली, उँह, जाने भी दो, अच्छा हो या बुरा हमें करना ही क्या है?

जब मैं वहाँ अकेली रह गई, सारी औरतें चली गयीं तो मेरी माँ के घर की ख़वासन ने, सूना कमरा देखकर, मेरा मुँह खोल दिया। शीशा उठाकर मैंने एक बार अपना मुँह ध्यान से देखा, फिर रख दिया। ढूँढ़ने से भी मुझे अपने रूप-रंग में कोई ऐब न मिला।

(3)

पहली बार केवल पाँच दिन ससुराल में रहकर मैं अपने पिता के साथ मैके आ गई। ससुराल के पाँच दिन मुझे पाँच वर्ष की तरह मालूम हुए। मैंने जो रानीपने का सुनहला सपना देखा था, वह दूर हो चुका था। ससुराल से लौटकर मैंने तो कुछ नहीं

कहा, किंतु खवासन ने वहाँ के सब हाल-चाल बतलाए। माँ ने कहा, तो क्या रानी केवल कहने के लिए होती हैं? भीतर का हाल हमारे घरों से भी गया-बीता होता है?

मैं अपनी माँ के साथ मुश्किल से महीना-सवा महीना ही रह पाई थी कि मुझे बुलाने के लिए ससुराल से संदेशा आया। राजाओं की इच्छा के विरुद्ध तिल भर भी मेरे पिता जी कैसे जाते? न चाहते हुए भी उन्हें मेरी विदाई करनी पड़ी। इतनी जल्दी ससुराल जाना मुझे जरा भी अच्छा न लगा; परंतु क्या करती, लाचार थी। सावन में, जबकि सब लड़कियाँ ससुराल से मैके आती हैं, मैं ससुराल रूपी कैदखाने में बंद होने चली। देवर के साथ फिर मोटर पर बैठी। इस बार मैंने अपना छोटा-सा हारमोनियम भी साथ रख लिया था।

फिर ससुराल पहुँची। पहली बार तो मेरे साथ माँ के घर की ख़वासन थी, इस बार उस हारमोनियम और थोड़ी-सी पुस्तकों को छोड़कर कुछ न था। मेरा जी एक कमरे में चपुचाप बैठे-बैठे घबराया करता। घर में कोई ऐसा न था जिससे घंटे-दो घंटे बातचीत करके जी बहलाती। केवल छोटे राजा, मेरे देवर की बातें मुझे अच्छी लगती थीं। किंतु वे भी मेरे पास कभी-कभी, और अधिकतर बड़ी रानी की नजर बचाकर ही आते थे। मैं सारे दिन पुस्तकें पढ़ा करती, पर पुस्तकें थीं ही कितनी? आठ-दस बार पढ़ गई। छोटे राजा कभी-कभी मुझे अखबार भी ला दिया करते थे किंतु सबकी आँख बचाकर।

घर में सब काम के लिए नौकर-चाकर और दास-दासियाँ थीं। मुझे घर में कोई काम न करना पड़ता था। मेरी सेवा में भी दो दासियाँ सदा बनी रहती थीं पर मुझे तो ऐसा मालूम होता था कि मैं उनके बीच में कैद हूँ, क्योंकि मेरी राई-रत्ती भी बड़ी रानी के पास लगा दी जाती थी। उन दासियों में से यदि मैं किसी को किसी काम से कहीं भेजना चाहती तो वे मेरे कहने मात्र से ही कहीं न जा सकती थीं, उन्हें बड़ी रानी से हुक्म लेना पड़ता था। यदि उधर से स्वीकृति मिल जाती तो मेरा काम होता, अन्यथा नहीं। इसी प्रकार हर माह मुझे खजाने से हाथ-खर्च के लिए डेढ़ सौ रुपए मिलते थे; किंतु क्या मजाल कि उनमें एक पाई भी महाराजा से पूछे बिना खर्च कर दूँ। भीतर के शासन की बागडोर बड़ी रानी के हाथ में थी, और बाहर की महाराजा मेरे ससुर के हाथ में। मेरे पति मंझले राजा, बड़े ही विलासप्रिय, मदिरा-सेवी, शिकार के शौकीन और न जाने क्या-क्या थे, मैं क्या बताऊँ! वे बहुत सुंदर भी थे। किंतु उनके दर्शन मुझे दुर्लभ थे। चार-छः दिन में कभी घंटे-आध घंटे के लिए वे मेरे कमरे में आ जाते तो मेरा अहोभाग्य समझो। उनकी रूप-माधुरी को एक बार जी-भर पीने के लिए मेरी आँखें आज तक प्यासी हैं किंतु मेरे जीवन में यह अवसर कभी न आया।

इस दिखावटी वैभव के अंदर मैं किसी प्रकार अपने जीवन को घसीटे जा रही थी। इसी समय मेरे अंधकारपूर्ण जीवन में प्रकाश की एक सुनहली किरण का आगमन हुआ।

छोटे राजा की उमर सत्रह-अठारह साल की थी। वे बड़े नेक और होनहार युवक थे। घर में पढ़ने-लिखने का शौक केवल उन्हीं को था। छोटे राजा मैट्रिक की तैयारी कर रहे थे और एक मास्टर बाबू उन्हें पढ़ाया करते थे। घर में आने-जाने की उन्हें पूर्ण स्वतंत्रता थी। घर में स्त्रियों की आवश्यक वस्तुएँ बाहर से मंगवा देना भी मास्टर बाबू के ही जिम्मे था। इसलिए वे घर में सबसे ज्यादा परिचित थे।

विवाह के बाद से ही बड़ी रानी मुझसे नाराज थीं। उन्हें मेरी चाल-ढाल, रहन-सहन जरा भी न सुहाती। वे हर बात में मेरे ऐब निकालने की फिराक में रहतीं। तिल का ताड़ बनाकर, मेरी जरा-जरा-सी बात को वे परिचित या अपरिचित, जो कोई आता उससे कहतीं। शायद वे मेरी सुंदरता को मेरे ऐबों से ढंक देना चाहती थीं। यही बात उन्होंने मास्टर बाबू के साथ भी की। वे तो घर में रोज ही आते थे, और रोज उनसे मेरी शिकायत होने लगी। किंतु इसका असर उलटा ही हुआ। मैंने देखा, तिरस्कार की जगह मास्टर बाबू का व्यवहार मेरे प्रति अधिक मधुर और आदरपूर्ण होने लगा।

(4)

छोटे राजा को मेरा गाना बहुत अच्छा लगता। वे बहुधा मुझसे गाने के लिए आग्रह करते। मुझे तो अब गाने-बजाने की ओर कोई विशेष रुचि रह नहीं गई थी; किंतु छोटे राजा के आग्रह से मैं अब भी कभी-कभी गा दिया करती थी। एक दिन की बात है। जाड़े के दिन थे किंतु आकाश बादलों से ढका था। मैं अपने कमरे में बैठी एक मासिक पत्रिका के पन्ने उलट रही थी। इतने में छोटे राजा आए और मुझसे बोले, मंझली भाभी कुछ गाकर सुनाओ।

मैंने बहुत टाल-मटोल की, किंतु छोटे राजा न माने और उन्होंने बाजा उठाकर सामने रख ही दिया। मैंने हारमोनियम पर गीत गोविंद का यह पद छेड़ा-

विहरत हरिरिह सरस बसन्ते।
नृत्यति युवति जनेन् समं सखि विरहि जनस्य दुरन्ते।
ललित लवंग लता परिशीलन कोमल मलय समीरे।
मधुकर निकर करम्बित कोकिल कुजत कुंज कुटीरे॥

मास्टर बाबू भी, न जाने कैसे और कहाँ से, आए और पीछे चुपचाप खड़े हो गये। छोटे राजा की मुस्कुराहट से मैं भाँप गई; पीछे फिर कर जो उन्हें देखा तो हारमोनियम सरका कर मैं चुपचाप बैठ गई।

वे भी हँसकर वहीं बैठ गये, बोले, "मंझली रानी! आप इतना अच्छा गा सकती हैं, मैंने आज ही जाना।"

छोटे राजा-अच्छा न गाती होतीं तो क्या मैं मूर्ख था, जो इनके गाने के पीछे अपना समय नष्ट करता?

इधर यह बातें हो ही रहीं थीं कि दूसरी तरफ से पैर पटकती हुई बड़ी रानी कमरे में आईं, क्रोध से बोलीं- यह घर तो अब भले आदमी का घर कहने लायक रह ही नहीं गया है। लाज-शरम तो सब जैसे धो के पी िलया हो। बाप रे बाप! हद हो गई। जैसे हल्के घर की है, वैसी ही हल्की बातें यहाँ भी करती है। पास-पड़ोस वाले सुनते होंगे तो क्या कहते होंगे? यही न, कि मंझले राजा की रानी रंडियों की तरह गा रही हैं। बाबा! इस कुल में तो ऐसा कभी नहीं हुआ। कुल को तो न लजवाओ देवी! बाप के घर जाना तो भीतर क्या चाहे सड़क पर गाती फिरना। किन्तु यहाँ यह सब न होने पावेगा। तुम्हें क्या? घर के भीतर बैठी-बैठी चाहे जो कुछ करो, वहाँ आदमियों की तो नाक कटती है।

एक सांस में इतनी सब बातें कहके बड़ी रानी चली गयीं।

मैंने सोचा, शराब पीकर रंडियों की बाँह में बाँह डाल कर टहलने में नाक नहीं कटती। ग़रीबों पर मनमाने जुल्म करने पर नाक नहीं कटती। नाक कटती है मेरे गाने से, सो अब मैं बाजे को कभी हाथ ही न लगऊँगी। उस दिन से फिर मैंने बाजे को कभी नहीं छुआ; और न छोटे राजा ने ही कभी मुझसे गाने का आग्रह किया। यदि वे आग्रह करते, तब भी मुझ में बाजा छूने का साहस न था।

इस घटना के कई दिन बाद एक दिन मास्टर बाबू छोटे राजा को पढ़ा कर ऊपर से नीचे उतर रहे थे, और मैं नीचे से ऊपर जा रही थी। आखिरी सीढ़ी पर ही मेरी उनसे भेंट हो गई; वे ठिठक गये, बोले-

'कैसी हो मंझली रानी?'

'जीती हूँ।'

'खुश रहा करो; इस प्रकार रहने से आखिर कुछ लाभ?'

'जी को कैसे समझाऊँ, मास्टर बाबू?'

'अच्छी-अच्छी पुस्तकें पढ़ा करो; उनसे अच्छा साथी संसार में तुम्हें कोई न मिलेगा।'

'पर मैं अच्छी-अच्छी पुस्तकें लाऊँ कहाँ से?'

'लाने का जिम्मा मेरा!'

'यदि आप अच्छी पुस्तकें ला दिया करें तो इससे अच्छी और बात ही क्या हो सकती है?'

'यह कौन बड़ी बात है मंझली रानी! मेरे पास बहुत- सी पुस्तकें रखी हैं। उनमें से कुछ मैं तुम्हें ला दूंगा।'

इस कृपा के लिये उन्हें धन्यवाद देती हुई मैं ऊपर चली और वे बाहर चले गये। मैंने ऊपर आँख उठा कर देखा तो बड़ी

रानी खड़ी हुई, तीव्र दृष्टि से मेरी ओर देख रही थीं। मैं कुछ भी न बोलकर नीची निगाह किए हुए अपने कमरे में चली गई।

(5)

दूसरे दिन मास्टर बाबू समय से कुछ पहले ही आए। उनके हाथ में कुछ पुस्तकें थीं। वे छोटे राजा के कमरे में न जाकर सीधे मेरे कमरे में आए; और बाहर से ही आवाज़ दी, किन्तु दोनों दासियों में से इस समय एक भी हाजिर न थीं। इसलिये मैंने ही उनसे कहा-आइए मास्टर बाबू! वे आकर बैठ गये। किताबों और लेखक के नाम बतला कर वे मुझे किताबें देने लगे। ये महात्मा गांधी की 'आत्मकथा' के दोनों भाग हैं। यह है बाबू प्रेमचन्द्र जी की 'रंग-भूमि'; इसके भी दो भाग हैं। यह मैथली बाबू का 'साकेत' और यह पंत जी का 'पल्लव'। इसके अतिरिक्त और भी बहुत-सी पुस्तकें हैं। इन्हें तुम पढ़ लोगी, तब मैं तुम्हें और ला दूंगा।

इसके बाद वे साकेत उठाकर, उर्मिला से लक्ष्मण की बिदा का जो सुन्दर चित्र मैथली बाबू ने अंकित किया है, मुझे पढ़ कर सुनाने लगे। इतने ही में मुझे वहाँ बड़ी रानी की झलक दिख पड़ी और उसके साथ मेरे कमरे के दोनों दरवाजे फटाफट बन्द हो गये। मास्टर बाबू ने एक बार मेरी तरफ़ फिर, दरवाजे की तरफ़ देखा; फिर वे बोले- भाई, यह दरवाजा किसने बन्द कर दिया है? खोल दो।

जब कोई भी उत्तर न मिला तो मुझे क्रोध आ गया। मैने तीव्र स्वर में कहा- यह दरवाजा किसने बन्द किया है? खोलो; क्या, मालूम नहीं है कि हम लोग भीतर बैठे हैं?

बड़ी रानी की कर्कश आवाज़ सुनाई दी-'ठहरो, अभी खोल दिया जायगा। तुम लोग भीतर हो यही दिखाने के लिए तो दरवाजा बन्द किया गया है। पर देखने वाले भी तो जरा आ जायँ। यह नारकीय लीला अब ज्यादा दिन न चल सकेगी।

'नारकीय लीला'! मेरा माथा ठनका, हे भगवान! क्या पुस्तक पढ़ना भी 'नारकीय लीला है? इस प्रकार लगभग 15 मिनट हम लोग बन्द रहे। गुस्से में मास्टर बाबू का चेहरा लाल हो रहा था। उधर बाहर बड़े राजा, मंझले राजा और महाराजा जी की आवाज़ मुझे सुनाई दी और उसके साथ ही कमरे का दरवाजा खुल गया।

बड़ी रानी बोली- मेरी बातों पर तो कोई विश्वास ही नहीं करता था। अब अपनी-अपनी आँखों से देखो। आँखें धोखा तो नहीं खा रही हैं? आज तक मैने मंझले राजा की विलासी मूर्ति देखी थी। आज मैंने उनका रुद्र रूप भी देखा। क्रोध से पैर पटकते हुए वे बोले- किरणकुमार, इस कमरे में तुम किसके हुक्म से आए? मास्टर बाबू भी उसी स्वर में बोले-मुझे किस कमरे में जाने का हुक्म नहीं है?

बड़े राजा–मास्टर बाबू, अब यहाँ से चले जाओ, इसी में तुम्हारी कुशल है।

वे- मुझे ऐसी कुशल नहीं चाहिए। मैं पापी नहीं हूँ जो कायर की तरह भाग जाऊँगा। जाने से पहिले मैं आप को बतला देना चाहता हूँ कि मैं और मंझली रानी दोनों ही पवित्र और निर्दोष हैं। यह हरक़त ईर्ष्या और जलन के ही कारण की गई है।

बड़ी रानी गरज उठीं-उलटा चोर कोतवाल को डाँटे' चोरी की चोरी, उस पर भी सीना जोरी। मैं! मैं ईर्ष्या करूंगी तुमसे? तुम हो किस खेत की मूली? मैं तुम्हें समझती क्या हूँ? तुम हो एक अदना से नौकर और यह है कल की छोकरी; सो भी किसी रईस के घर की नहीं। ईर्ष्या तो उससे की जाती है जो अपनी बराबरी का हो। फिर बड़े राजा की तरफ़ मुड़कर बोलीं- तुम इसे ठोकर मार के निकलवा क्यों नहीं देते? तुम्हारे सामने ही खड़ा-खड़ा जबान लड़ा रहा है, और तुम सुन रहे हो; पहले ही कहा था कि नौकर-चाकर को ज्यादा मुँह न लगाया करो-

महाराज बड़े गुस्से से बोल–किरण कुमार चले जाओ।

इसी समय न जाने कहाँ से छोटे राजा आ पड़े और मास्टर बाबू को जबरदस्ती पकड़कर अपने साथ लिवा ले गये। वे चले गये। मुझपर क्या बात होगी, कहने की आवश्यकता नहीं, समझ लेने की बात है। नतीजा सब का यह हुआ कि उसी दिन एक चिट्ठी के साथ सदा के लिये मैं विदा कर दी गई। एक इक्के पर बैठाल कर चपरासी मुझे माँ के घर पहुँचाने गया। चिट्ठी मेरे पिता जी के नाम थी, जिसमें लिखा था कि "आपकी पुत्री

भ्रष्टा है। इसने हमारे कुल में दाग़ लगा दिया है। इसके लिए अब हमारे घर में जगह नहीं है।" बात की बात में सारे मुहल्ले भर में मेरे भ्रष्टाचरण की बात फैल गई। यहाँ तक कि मेरे पिता के घर पहुँचने से पहले ही यह बात पिता जी के घर तक भी पहुँच गई थी।

(6)

जब मैं पिता जी के घर पहुँची, शाम हो चुकी थी। इस बीच माता जी का देहान्त हो चुका था। भाई भी तीनों, कॉलेज में थे। घर पर मुझे केवल पिता जी मिले; उन्होंने मुझे अन्दर न जाने दिया; बाहर दालान में ही बैठाया। चिट्ठी पढ़ने के बाद वे तड़प उठे, बोले-जब यह भ्रष्ट हो चुकी है तो इसे यहाँ क्यों लाए? रास्ते में कोई खाई, खन्दक न मिला, जहाँ ढकेल देते? इसे मैं अपने घर रखूँगा? जाय, कहीं भी मरे। मुझे क्या करना है? मैं पिता जी के पैरों पर लोट गई; रोती-रोती बोली-

पिता जी, मैं निर्दोष हूँ। पिता जी दो कदम पीछे हट गये और कड़क कर बोले, "दूर रह चांडालिन निर्दोष ही तू होती तो इतना यह बवंडर ही क्यों उठता? उन्हें क्या पागल कुत्ते ने काटा था जो बैठे-बैठाए अपनी बदनामी करवाते? जा, जहाँ जगह मिले, समा जा। मेरे घर में तेरे लिए जगह नहीं है। क्या करें अंग्रेजी राज्य न होता तो बोटी-बोटी काट के फेंक देता।"

इस हो-हल्ला में समाज के कई ऊँची नाक वाले अगुआ और कई पास-पड़ोस वाले भी जमा हो गये। सबने मेरे

भ्रष्टाचरण की बात सुनी और घृणा से मुंह बिचकाया। एक बोला 'नहीं भाई, अब तो यह घर में रखने लायक नहीं। जब ससुराल वालों ने ही निकाल दिया तो क्या पंडित रामभजन अपने घर रख कर जात में अपना हुक्का-पानी बन्द करवावेंगे।' दूसरे ने पिता जी पर पानी चढ़ाया 'अरे भाई! घर में रखें तो रखने दो, इनकी लड़की है; पर हम तो पंडित जी के दरवाज़े पर पैर न देंगे।'

मैं फिर एक बार भीतर जाने के लिए दरवाजे की तरफ झुकी; किन्तु पिता जी ने एक झटके के साथ मुझे दरवाजे से कई हाथ दूर फेंक दिया। कुल में दाग़ तो मैंने लगा ही दिया था, वे मुझे घर में रखकर क्या जात बाहर भी हो जाते? मैं दूर जा गिरी और गिर कर बेहोश हो गई। मुझे जब होश आया है। मेरे घर का दरवाजा बन्द हो चुका था, और मुहल्ले भर में सन्नाटा छाया था। केवल कभी-कभी एक-दो कुत्तों के भौंकने का शब्द सुन पड़ता था। मैं उठी; बहुत कुछ सोचने के बाद स्टेशन की तरफ चली। एक कुत्ता भूँक उठा जैसे कह रहा हो कि अब इस मुहल्ले में तुम्हारे लिए जगह नहीं है।

जब मैं स्टेशन पहुँची एक गाड़ी तैयार खड़ी थी। बिना कुछ सोचे-विचारे मैं गाड़ी के एक जनाने डिब्बे में बैठ गई। गाड़ी कितनी देर तक चलती रही, कहाँ-कहाँ खड़ी हुई, कौन-कौन से स्टेशन बीच में आए, मुझे कुछ पता नहीं; किंतु सबेरे जब ट्रेन कानपुर पहुँचकर रुक गई और एक रेलवे कर्मचारी

ने आकर मुझे उतरने को कहा तो मैं जैसे चौंक-सी पड़ी। मैंने देखा पूरी ट्रेन यात्रियों से खाली हो गई है, स्टेशन पर भी यात्री बहुत कम थे। ट्रेन से उतरकर मेरी समझ में ही न आता था कि कहाँ जाऊँ। कल इस समय तक जो एक महल की रानी थी, आज उसके खड़े होने के लिए भी स्थान न था। बहुत देर बाद मुझे एकाएक खयाल आया कि सत्याग्रह-संग्राम तो छिड़ा ही हुआ है, क्यों न मैं भी चलकर स्वयं सेविका बन जाऊँ और देश-सेवा में जीवन बिता दूँ। पूछती हुई मैं किसी प्रकार कांग्रेस-दफ्तर पहुँची। वहाँ पर दो-तीन व्यक्ति बैठे थे, उन्होंने मुझे पूछा कि मेरे पास किसी कांग्रेस कमेटी का प्रमाण-पत्र है? मैंने कहा 'नहीं।' तो उन्होंने मुझे स्वयं सेविका बनाने से इनकार कर दिया।

इसके बाद मैं इसी प्रकार कई संस्थाओं और सुधारकों के दरवाजे-दरवाजे भटकी। किंतु मुझे कहीं भी आश्रय न मिला। विवश होकर मैं भूखी-प्यासी चल पड़ी। किंतु जाती कहाँ? थककर एक पेड़ के नीचे बैठ गई। मैंने अपनी अवस्था पर विचार किया। मैं आज रानी से पथ की भिखारिन हो चुकी थी, मेरे सामने अब भिक्षावृत्ति को छोड़कर दूसरा उपाय ही क्या था। इसी समय न जाने कहाँ से एक भिखारिन बुढ़िया भी उसी पेड़ के नीचे कई छोटी-छोटी पोटलियाँ लिए हुए आकर बैठ गई। बड़े इत्मीनान के साथ अपने दिन-भर के माँगे हुए आटे, दाल, चावल को अपने चीथड़े में अच्छी तरह बाँधकर बुढ़िया ने मेरी तरफ देखा। मैंने भी उसकी ओर देखा। दुःख

में भी एक प्रकार का आकर्षण होता है, जिसने क्षण-भर में ही हम दोनों को एक कर दिया। भिखारिन बहुत बूढ़ी थी, उसे आँख से कम दिख पड़ता था। भिक्षा-वृत्ति करने के लिए अब उसे किसी साथी या सहारे की जरूरत थी। मैं उसी के साथ रहने लगी।

कई बार मैंने आत्महत्या करनी चाही किंतु उस समय ऐसा मालूम होता कि जैसे कोई हाथ पकड़ लेता हो। मैं आत्मघात भी न कर सकी। लगातार एक साल तक भिखारिन के साथ रहकर मुझे भीख माँगना न आया। आता भी कैसे? मैं बुढ़िया का हाथ पकड़कर उसे सहारा देती हुई चलती, भीख वही माँगा करती। मैं जवान थी, सुंदर थी, फटे-चीथड़े और मैले-कुचैले वेश में भी मैं अपना रूप न छिपा सकती, मेरा रूप ही हर जगह मेरा दुश्मन हो जाता। अपने सतीत्व की रक्षा हेतु मुझे बहुत सचेत रहना पड़ता था और इसीलिए मुझे जल्दी-जल्दी स्थान बदलना पड़ता था।

मेरे बदन की साड़ी फटकर तार-तार हो ग़ई थी। बदन ढँकने के लिए साबूत कपड़ा भी न था। प्रयाग में माघी अमावस्या के दिन बड़ा भारी मेला लगता है। बुढ़िया ने कहा, वहाँ चलने पर हमें तीन-चार महीने भर खाने को मिल जाएगा और कपड़ों के लिए पैसे भी मिल जाएँगे। मैं बूढ़ी के साथ पैदल ही प्रयाग के लिए चल पड़ी।

माँगते-खाते कई दिनों में हम लोग प्रयाग पहुँचे। यहाँ पूरे महीने भर मेला रहता है। दूर-दूर के बहुत से यात्री आते हैं। हम लोग रोज सड़क किनारे एक कपड़ा बिछाकर बैठ जाते और दिन-भर भिक्षा माँगकर शाम को एक पेड़ के नीचे अलाव जलाकर सो जाते। एक दिन इसी प्रकार शाम को जब हम दिन भर की भिक्षावृत्ति के बाद लौट रहे थे, एक बग्घी निकली जिसमें कुछ स्त्रियाँ थीं। बुढ़िया एक पैसे के लिए हाथ फैलाकर गाड़ी के पीछे-पीछे दौड़ी। कुछ देर बाद गाड़ी के अंदर से एक पैसा फेंका गया। शाम को घुँधले प्रकाश में बुढ़िया जल्दी पैसा देख न सकी। वह पैसा देखने के लिए कुछ देर झुकी रही। उसी समय, एक मोटर पीछे से और एक सामने से आ गई। बुढ़िया ने बचना चाहा, मोटर वाले ने भी बहुत बचाया, पर बुढ़िया मोटर की चपेट में आ ही गई। उसे गहरी चोट लगी और उसे बचाने की चेष्टा में मुझे भी काफी चोट आई। जिस मोटर की चपेट हम लोगों को लगी थी, उस मोटर वाले ने पीछे मुड़कर देखा भी नहीं, किंतु दूसरी मोटर वाले रुक गये। उसमें से दो व्यक्ति उतरे। मेरे मुँह से सहसा एक चीख निकल गई...।

(7)

कई दिनों तक लगातार बुखार के बाद जिस दिन मुझे होश आया, मैंने अपने आपको एक जनाने अस्पताल के परदा वार्ड के कमरे में पाया। एक खाट पर मैं पड़ी थी, मेरे पास ही दूसरी

खाट पर भिखारिन मरणासन्न अवस्था में पड़ी थी। मैं खाट से उठकर बैठने लगी तो मास्टर बाबू पास ही कुर्सी पर बैठे कुछ पढ़ रहे थे। मुझे उठते देखकर पास आकर बोले, अभी आप न उठें। बिना डॉक्टर की अनुमति के आपको खाट से उठना नहीं है।

'क्यों? मैं पथ की भिखारिन, मुझे ये साफ-सुथरे कपड़े, नरम-नरम बिछौने क्यों चाहिए? कल से तो मुझे फिर वही गली-गली की ठोकर खानी पड़ेगी न?

उनकी बड़ी-बड़ी आँखें सजल हो गईं। वे बड़े ही करुण स्वर में बोले, मंझली रानी! क्या तुम मुझे क्षमा न करोगी? तुम्हारा अपराधी तो मैं ही हूँ न? मेरे ही कारण तो आज तुम राजरानी से पथ की भिखारिन बन गई हो।

जब मुझे उन्होंने 'मँझली रानी' कहकर बुलाया तो मैं चौंक पड़ी। सहसा मेरे मुँह से निकल गया, 'मास्टर बाबू!"

***

दो-तीन दिन में मैं पूर्णतः स्वस्थ हो गई। परंतु भिखारिन की हालत न सुधर सकी, एक दिन उसने अपनी जीवन-लीला समाप्त कर दी। उसके अंतिम संस्कारों से निवृत्त होकर मैं मास्टर बाबू के साथ उनके बंगले में रहने लगी। किंतु मैं अभी तक नहीं जान सकी कि वे मेरे कौन हैं? वे मुझ पर माता की तरह ममता और पिता की तरह प्यार करते हैं, भाई की तरह

सहायता और मित्र की तरह नेक सलाह देते हैं, पति की तरह रक्षा और पुत्र की तरह आदर करते हैं। कुछ न होते हुए भी वे मेरे सब कुछ हैं। और सब कुछ होते हुए भी वे मेरे कुछ नहीं हैं।

मछुए की बेटी

चौधरी और चौधराइन के लाड़ प्यार ने तिन्नी को बड़ी ही स्वच्छन्द और उच्छृङ्खल बना दिया था। वह बड़ी निडर और कौतूहल-प्रिय थी। आधी, रात, पिछली पहर, जब तिन्नी की इच्छा होती वह नदी पर जाकर नाव खोलकर जल-विहार करती और स्वच्छ लहरों पर खेलती हुई चन्द्रकिरणों की अठखेलियां देखती।

यही कन्या चौधरी की सब कुछ थी; किन्तु फिर भी आज तक चौधरी उसका विवाह न कर सके थे क्योंकि कन्या के योग्य कोई वर चौधरी को अपनी जात में न देख पड़ता था। इसीलिए तिन्नी अभी तक कवांरी ही थी।

नदी के पार और उस पार से इस पार लाने का चौधरी ने ठेका ले रखा था। चौधरी की अनुपस्थिति में तिन्नी अपने पिता का काम बड़ी योग्यता से करती थी।

-आज इतनी जल्दी कहाँ जा रही हो तिन्नी?

-क्या तुम नहीं जानते?

-क्या?

-यही कि राजा साहब आज उस पार जायेंगे।

-कौन राजा साहब?

-तुम्हें यह भी नहीं मालूम?

-मैं आज ही तो आया हूँ।

-और अब तक कहाँ थे?

-अपने घर।

तो जैसे मैं रात-दिन घाट पर ही तो बनी रहती हूँ न? इसलिए मुझे सब कुछ जानना चाहिये और तुम्हें कुछ भी नहीं। तुम मुझे वैसे ही तंग किया करते हो! जाओ, अब मैं तुमसे बात भी नहीं करूंगी।

तिन्नी को चिढ़ाकर उसकी क्रोधित मुद्रा को देखने में युवक को विशेष आनन्द आता था। इसलिए वह प्राय: इसी प्रकार के बेसिर-पैर के प्रश्न करके उसे चिढ़ा दिया करता था। किन्तु आज तो बात जरा टेढ़ी हो गयी थी। तिन्न ने क्रोधावेश में यह

प्रतिज्ञा कर ली थी कि अब वह युवक से बोलेगी ही नहीं। इसलिए मुंह फेरकर वह तेजी से घाट की ओर चल दी। युवक ने तिन्नी का रास्ता रोक लिया और बड़े विनीत और नम्र भाव से बोला-तिन्नी! सच बता दे मेरी तिन्नी! मैं तेरा डांड़ चला दूंगा, तेरा आधा काम कर दं◌ूगा।

तिन्नी के क्रोधित मुख पर हँसी नाच गयी। युवक उसके साथ डांड़ चलायेगा, उसे एक साथी मिल जायेगा, इस बात को सोचकर उसे बड़ी प्रसन्नता हुई। वह बोली-सच कहते हो? मेरे साथ तुम डांड़ चलाओगे? देखा, बापू नहीं हैं, मैं अकेली हूँ। यदि तुम सचमुच मेरे साथ डांड़ चलाने को कहो, तो फिर बताती हूँ।

-सच नहीं तो क्या झूठ? मैं डांड़ जरूर चलाऊंगा, पर पहिले तुझे बताना पड़ेगा-युवक ने कहा।

इधर अपने पास ही कोई रियासत है न? यहीं के राजा साहब नदी के उस पार शिकार खेलने जायंगे। महीना-पन्द्रह दिन का काम है मनोहर! खूब अच्छा रहेगा। खूब पैसे भी मिलेंगे। मैं तुम्हें भी दिया करुंगी। पर इतना वादा करो कि जब तक बापू न लौटकर आवें तुम रोज मेरे साथ डांड़ चलाया करोगे।

-यह कौन सी बात है तिन्नी? यदि तू मान जा तो मंै तेरे साथ जीवन भर डांड़ चलाने को तैयार हूँ।

-तो जैसे मैंने कभी इंकार किया हो! नेकी और पूछ-पूछ! तुम मेरा डांड़ चलाओ और मैं इंकार कर दूंगी?

-तिन्नी, तो तू मूझसे ब्याह क्यों नहीं कर लेती? फिर हम दोनों जीवन भर साथ-साथ डांड़ चलाते रहेंगे।

क्षण भर के लिए तिन्नी के चेहरे पर लज्जा की लाली दौड़ गयी। किन्तु तुरंत ही वह संभलकर बोली- कहने के लिए तो कह गये। मनोहर! किन्तु आज मैं ब्याह के लिए तैयार हो जाऊं तो?

-तो मैं खुशी के मारे पागल हो जाऊं।

-फिर उसके बाद?

-फिर मैं तुम्हें रानी बनाकर अपने आपको दुनिया का बादशाह समझंू।

-अपने आपको बादशाह समझोगे, क्यों मनोहर? और मैं बनूंगी रानी। पर मैं रानी बनने के बाद डांड़ तो न चलाऊंगी, अभी से कहे देती हूँ।

- तब मैं ही क्यों डांड़ चलाने लगा। मैं बनूंगा राजा, और तुम बनोगी मेरी रानी, फिर डांड़ चलाएंगे हमारे-तुम्हारे नौकर!

-अच्छा! यह बात है! कहकर तिन्नी खिलखिलाकर हँस पड़ी और दोनों हँसते हुए घाट की तरफ चले गये।

एक बड़ी नाव पर राजा साहब और उनके पुत्र कृष्णदेव अपने कई मुसाहिबों के साथ उस पर जाने के लिए बैठे। तिन्नी कई मछुओं और मनोहर के साथ डांड़ चलाने लगी। तिन्नी नाव भी खेती जाती थी और साथ ही मनोहर से हँस-हँसकर बातें भी करती जाती थी। वायु के झोंकों के साथ उड़ते हुए उसके काले घुंघराले बाल उसकी सुन्दर मुखाकृति को और भी मोहक बना रहे थे। कृष्णदेव उसके मुँह की ओर किस स्थिरता के साथ देख रहे हैं, इस ओर तिन्नी का ध्यान ही न था। किन्तु राजा साहब से पुत्र की मानसिक अवस्था छिपी न रही। युवा काल में उनके जीवन में कई बार ऐसे मौके आ चुके थे।

अब कृष्णदेव प्राय: प्रतिदिन ही जल-विहार के लिए नौका पर आते और डांड़ चलाने का काम बहुधा तिन्नी ही किया करती। कृष्णदेव के मूक प्रेम और आकर्षण ने तिन्नी को भी उनकी तरफ बहुत कुछ आकर्षित कर लिया था। जिस

समय कृष्णदेव नौका पर आते, उस समय अन्य मछुओं के रहते हुए भी तिन्नी स्वयं ही नौका चलाती।

राजा साहब से कुछ छिपा न था। कुमार रोज जल-विहार के लिए जाते हैं, और तिन्नी ही नाव चलाया करती है, यह राजा साहब ने सुन लिया था। अतएव बात को इससे अधिक बढ़ने देने के अभिप्राय से राजा साहब बिना शिकार खेले ही एक दिन अपनी रियासत को लौट गये। जाने को पिता के साथ कृष्णदेव भी गये; किन्तु उनका हृदय मछुए के झोपड़े में तिन्नी के ही पास छूट गया था। रियासत पहुँचकर कृष्णदेव सदा उदास और न जाने किन विचारों में निमग्न रहा करते। शायद उन्हें रह-रहकर मनोहर के भाग्य पर ईर्ष्या होती थी। वह सोचते-मनोहर किस प्रकार तिन्नी के पास बैठकर नाव चलाया करता था। तिन्नी कैसी घुल-मिलकर हँसती हुई उससे बातें किया करती थीं। एक मामूली आदमी होकर भी मनोहर कितना सुखी है। काश! मैं भी एक मछुआ होता और तिन्नी के पास बैठकर नाव चला सकता-तो कितना सुखी होता?

किन्तु किसी से कुछ भी न कहते। हां, अब उन्हें आखेट से रुचि न थी। शतरंज के वे बहुत अच्छे खिलाड़ी थे; किन्तु अब मुहरों की ओर उनसे आँख उठाकर देखा भी न जाता।

अध्ययन से भी उन्हें बड़ा प्रेम था। उनकी लायब्रेरी में विद्वान लेखकों की अच्छी-से-अच्छी पुस्तकें थी; किन्तु उन पर अब इंचों धूल जम रही थी।

यार-दोस्त आते, घंटों छोड़छाड़ करते, किन्तु कृष्णदेव में तिल-भर का भी परिवर्तन न होता। उनके अन्तर्जगत में कितना भयंकर तूफान उठ रहा था, यह किसे मालूम था? कृष्णदेव अपनी वेदना चुपचाप पी रहे थे। किन्तु उनकी आंतरिक पीड़ा को उनकी शारीरिक अवस्था बतला रही थी। उनका स्वास्थ्य दिनों-दिन गिरता जा रहा था।

पिता से पुत्र की बीमारी छिपी न थी। वे सब जानते थे किन्तु वे चाहते यह थे कि बात किसी प्रकार दबी की दबी ही रह जाए, उन्हें बीच में न पड़ना पड़े। कृष्णदेव उनका इकलौता पुत्र था। पुत्र की चिंता उन्हें रात-दिन बनी रहती थी। तिन्नी के अनिन्दनीय रूप और चातुर्य ने राजा साहब को आकर्षित न किया हो, सो बात न थी। किन्तु थी तो वह आखिर मछुए की ही बेटी! राजा साहब उससे कृष्ण देव का विवाह करते भी तो कैसे?

एक दिन राजा साहब कृष्णदेव के कमरे में गये। उस समय वह सोये हुये थे। आँखों से पास रोते-रोते गड्ढे से पड़

गये थे। चेहरा पीला-पीला और शरीर सूखकर कांटा-सा हो रहा था। जमीन पर ही एक चटाई के ऊपर बिना तकिये के, मखमली बिछौना पर सोने वाला उनका दुलारा कृष्णदेव, न जाने किस चिंता में पड़ा-पड़ा सो गया था। राजा साहब की आँखों में आंसू आ गये। वे कुछ न बोलकर चुपचाप कृष्णदेव के कमरे से बाहर निकल आये।

दूसरे ही दिन रियासत से तिन्नी समेत चौधरी का बुलावा हुआ। उन्हें शीघ्र से शीघ्र उपस्थित होने की आज्ञा थी और साथ ही उन्हें लेने के लिए सवारी भी आई थी। इस घटना ने मुहल्ले भर में हलचल मचा दी। चौधरी बहुत घबराये। सोचा,"अवश्य ही मेरी अनुपस्थिति में इस उद्दंड लड़की ने कोई अनुचित व्यवहार कर दिया होगा। राजा साहब जरूर नाराज हैं, नहीं तो तिन्नी समेत लाये जाने के कारण ही क्या हो सकता है! मुहल्ले वाले सभी चौधरी को समयोचित सीख देते आये। अपनी-अपनी समझ के अनुसार किसी ने कुछ कहा, किसी ने कुछ। तिन्नी का हृदय कुछ और ही बोल रहा था। तिन्नी पिता के पास मोटर पर बैठने ही वाली थी, मनोहर ने आकर धीरे से तिन्नी से कहा-तिन्नी! कहीं राजकुमार ने तुम्हें अपनी रानी बनाने के लिए बुलाया हो तो?

-कुछ तुम मुझे अपनी रानी बनाते थे, कुछ राजकुमार बनायेंगे।

-तिन्नी! तुम सदा ही मेरे हृदय की रानी रही हो और रहोगी। आज ऐसी बातें क्यों करती हो?

-सो कैसे? बिना विवाह हुए ही मैं तुम्हारी या तुम्हारे हृदय की रानी कैसे बन सकती हूँ? -तिन्नी ने रुखाई से पूछा।

तिन्नी! रानी बनने के लिए विवाह ही थोड़े जरूरी है। जिसे हम प्यार करें वही हमारी रानी।

तिन्नी का चेहरा तमतमा गया। बोली-धत्! मैं ऐसी रानी नहीं बनना चाहती। ऐसी रानी से तो मछुए की बेटी ही भली! और मनोहर के उत्तर की प्रतीक्षा न करके पिता के पास जाकर मोटर पर बैठ गयी। मोटर स्टार्ट हो गयी।

जब यह लोग रियासत में राजा साहब के महल के सामने पहुँचे तब कुछ अंधेरा हो चला था। इनके पहुँचने की सूचना राजा साहब को दी गयी। चौधरी पुत्री समेत महल के सूने कमरे में बुलाये गये। कमरे में राजा साहब और कृष्णदेव को छोड़कर कोई न था। डर के मारे चौधरी की तो हुलिया बिगड़ रही थी। किन्तु तिन्नी मन ही मन मुस्करा रही थी। पिता-पुत्री

का उचित सम्मान करने के उपरान्त राजा साहब ने मछुए को संबोधन करके कहा-चौधरी, हमने तुम्हें किसलिए बुलाया है कदाचित तुम नहीं जानते।

चौधरी भय से कांप उठे। हाथ जोड़कर बोले-मैं तो महाराज का गुलाम हूँ, सदा...

राजा साहब बात काटते हुए बोले- हम तुम्हारी इस कन्या को राजकुमार के लिए चाहते हैं।

तिन्नी ओठों के भीतर मुस्करायी और चौधरी आश्चर्य से चकित हो गये। एक बार राजा साहब की ओर फिर उन्होंने तिन्नी की ओर देखा। सहसा चौधरी को इस बात पर विश्वास न हुआ। कहां मैं एक साधारण मछुआ और कहां वे एक रियासत के राजा! हमारे बीच में कभी रिश्तेदारी भी हो सकती है? फिर न जाने क्या सोचकर भय-विह्वल चौधरी ने हाथ जोड़कर कहा-महाराज, यह कन्या मेरी नहीं है।

राजा साहब चौंक उठे। आश्चर्य से उन्होंने चौधरी से पूछा-फिर यह किसकी लड़की है?

हाथ जोड़े-ही-जोड़े चौधरी बोले-महाराज, पन्द्रह साल पहले की बात है, नदी में बहुत बाढ़ आयी थी। उसी बाढ़ में,

मेरे बुढ़ापे की लकड़ी यह कन्या मुझे मिली थी। यह एक खाट पर बहती हुई आयी थी और इसके गले में एक छोटी सी सोने की ताबीज थी।

ताबीज का नाम सुनते ही राजा साहब को ताबीज देखने की उत्सुकता हुई। उनके मस्तिष्क में किसी ताबीज की धुंधली स्मृति छा गयी। पिता के आदेश से तिन्नी गले से ताबीज निकालने के लिए ताबीज के धागे की गांठ खोलने लगी।

मछुए ने फिर कहना शुरु किया-महाराज! इस ताबीज का भी बड़ा विचित्र किस्सा है। एक बार ताबीज का धागा टूट गया, कई दिनों तक याद न रहने के कारण यह ताबीज इसे न पहनायी जा सकी। बस महाराज, यह तो इतनी ज्यादा बीमार पड़ी कि मरने-जीने की नौबत आ गयी। और फिर ताबीज पहनाते ही बिना दवा-दारू के ही चंगी भी हो गयी। तब से ताबीज आज तक उसके गले में पड़ी है।

राजा साहब को स्मरण हो आया कि पन्द्रह साल पहले उनकी लड़की भी टेन्ट के अन्दर से बाढ़ में बह गयी थी, जिसके गले में उन्होंने भी एक ज्योतिषी के आदेशानुसार ताबीज पहनायी थी, उन्होंने एक बार कृष्णदेव, और फिर तिन्नी के मुंह की तरफ देखा। उन्हें उनके मुंह में बहुत कुछ समानता दिख

पड़ी। तब तक तिन्नी ने गले से ताबीज निकालकर राजा साहब के सामने कर दिया। राजकुमार का हृदय बड़े ही वेग से धड़क रहा था। ताबीज हाथ में लेते ही राजा साहब ने मेरी कान्ती कहते हुए तिन्नी को छाती से लगा लिया। यह वही ताबीज थी जिसे ज्योतिषी के आदेश से राजा साहब ने पुत्री के गले में पहनाया था।

पिता-पुत्री और भाई-बहिन का यह अपूर्व सम्मिलन था। सब की आँखों में प्रेम के आँसू उमड़ आये।

अब महल के पास चौधरी के रहने के लिए पक्का मकान बन गया है। चौधरी अपनी स्त्री समेत वहीं रहते हैं। अब उन्हें नाव नहीं चलानी पड़ती, रियासत की ओर से उनकी जीविका के लिए अच्छी रकम बांध दी गयी है।

राजमहल में रहती हुई भी कांती, चौधरी के घर आकर तिन्नी हो जाती है। अब भी वह चौधरी के साथ उनकी थाली में बैठकर चौधराइन के हाथ की मोटी-मोटी रोटियां खा जाती है।

तिन्नी को बहन के रूप में पाकर कृष्णदेव को कम प्रसन्नता न थी। वे तिन्नी का साथ चाहते थे- चाहे वह पत्नी के रूप में हो या बहन के।

बड़े घर की बात

फूलशय्या के ही दिन फूल और मनोहर में तनातनी हो गई। फूल स्वभाव से ही कम बोलने वाली और लजीली थी। उधर मनोहर एंग्लो इंडियन छोकरियों के साथ सिनेमा थिएटर देख चुके थे, उनकी उच्छृखलता और उदंडता के आदी थे। वे सपना देख रहे थे कि उनके कमरे में पैर रखते ही नववधू मुसकराती हुई 'हल्लो डार्लिंग' कहकर उन्हें बिठाएगी, उनसे घुल-घुलकर प्रेम की बातें करेगी और उन्हें जबरन अपने पास बिठाए रखेगी, वे उठना चाहेंगे तो वह उठने न देगी, लच्छेदार बातों से उन्हें उलझा रखेगी, घड़ी के जाते हुए समय को 'एनिमी' (दुश्मन) कहकर अफसोस करेगी! ये आशाएँ उन्होंने नववधू से इसलिए की थीं कि वह मैट्रिक पास थी और उसने अपने छोटे से जीवन के अधिकांश दिन बोर्डिंग हाउस में ही बिताए थे।

जिस समय मनोहर फूलों का हार गले में डाले, इतर में बसे-बसाए अपने कमरे में आए, नववधू फूल लैंप के पास खड़ी चुपचाप एक पुस्तक के पन्ने उलट रही थी। किसी अज्ञात आशंका से वह रह-रहकर काँप-सी उठती थी। उसके पति होते हुए भी मनोहर आज तो उसके लिए पर-पुरुष ही थे। उनसे कैसे बोलूँगी, क्या कहूँगी, कहीं कोई बेवकूफी न हो जाए? फूल मन-ही-मन बहुत घबरा रही थी। अचानक किसी के हल्के पैरों की आहट होते ही वह पुस्तक छोड़कर एक कोने में सिमटकर खड़ी हो गई। मनोहर बाबू अपना यह अपमान न सह सके। एक क्षण तो वह चुपचाप खड़े रहे, फिर तिरस्कार भरे स्वर में बोले, "क्या स्कूल और घर में यही शिक्षा मिली है कि आए हुए पति की तरफ पीठ करके खड़ी हो जाओ?"

फूल सिहर उठी, किंतु कुछ बोली नहीं। मनोहर का पारा और गरम हो गया। कठोर स्वर में बोले, "मैंने तो समझा था, पढ़ी-लिखी है तो कुछ अक्ल भी होगी, लेकिन वही गँवार की गँवार!"

इस पर भी जब वह कुछ न बोली तो वह झल्लाए हुए उठे और फूल का घूघट जोर से पीछे से खींच लिया। रेशमी साड़ी थी। मुँह के साथ उसका सिर भी खुल गया, पल्ला पीठ पर आ रहा। फूल बोली तो कुछ भी नहीं, मगर फौरन ही अपना सिर ढककर कमरे से बाहर हो गई। मनोहर गुस्से से 'शक्ल चुडैलों की, नखरे परियों के' कहते-कहते सीढ़ियों से नीचे उतर गये।

फूल चुपचाप आँसू बहाती हुई खड़ी रही। अचानक मनोहर को बाहर जाते देख उनकी बहन यशोदा ने आकर पूछा, "क्या हुआ भौजी? भैया क्यों चला गया?"

फूल ने कोई उत्तर न दिया। वह अपनी ननद से, जो उसकी सास की जगह पर थी, कुछ सहानुभूति की आशा रखती थी, मगर यहाँ उल्टा ही हुआ। यशोदा ने फूल को झकझोरकर कहा, "बोलती क्यों नहीं चंडालिन? दो बात भैया से कर लेती तो क्या तेरी जबान घिस जाती! एक वह थी, जिसने उसके जी को जला जलाकर उसे आधा कर दिया। अब तू आई है, तो तेरे ये लच्छन! आदमी का मिजाज भी देखना पड़ता है। जिसमें खुश रहे, वही करना चाहिए, पर आजकल की छोकरियों का मिजाज भी तो सातवें आसमान पर रहता है।"

फूल आँसू बहाती रही। ननद की बातों का भी उसने कोई जवाब न दिया।

इस घटना के बाद कई दिन बीत गये, मनोहर ने पत्नी की तरफ आँख उठाकर भी नहीं देखा। वे अपने राग-रंग में मस्त थे, विवाह तो उनकी बहन ने जबरदस्ती करवाया था। पहली स्त्री से एक बच्चा था। बच्चा जब तक जीता रहा, तब तक तो विवाह की जरूरत न जान पड़ी, लेकिन एक दिन जब वह बच्चा भी माँ का अनुगामी हुआ तो इतनी बड़ी जायदाद का

कोई वारिस तो होना चाहिए, इस खयाल से यशोदा ने भाई के सामने रो-धोकर उन्हें जबरदस्ती विवाह के लिए मजबूर किया। यशोदा विधवा थी। यह सब जायदाद भी उसी की थी। मनोहर को छह महीने की उमर से पाला था, मनोहर ही उसका पुत्र या भाई सबकुछ था, किंतु दोनों भाई-बहन एक-से रूखे स्वभाव के, तुनुकमिजाज, बाहर अच्छे और भीतर खट्टे थे। मनोहर की पहली स्त्री कुमुद ने भी जिस दिन से इस देहली के भीतर पैर रखा था, एक दिन भी बिना रोए रोटी न खाई थी और इसी प्रकार छह महीने के बच्चे को छोड़कर एक दिन वह जहर खाकर अपनी जीवन-लीला समाप्त करके चली गई। बड़े घर की बात बाहर कहाँ जाती है? हार्ट फेल हो जाने से मृत्यु हो गई कहकर मामला रफा-दफा कर दिया गया।

फूल ने भी ये सब बातें सुन लीं, मगर अब क्या हो सकता था? उसने सोचा, खैर, जैसा जो कुछ है, मुझे तो निभाना ही है, अब तो यही मेरे परमेश्वर, मेरे आराध्य और देवता हैं, किसी तरह उन्हें मनाना चाहिए। मुँह से तो कुछ बोलते हुए उसे लज्जा आती थी और बोलने का कोई अवसर भी न मिलता था, इसलिए उसने सोचा, एक पत्र लिखूँ, शायद देवता सीधे हो जाएँ, वह कागज, कलम लेकर बैठी। बहुत सोचने-समझने के बाद उसने एक पत्र लिखा-

"मेरे देवता,

कई दिनों से सोच रही हूँ कि आपको एक पत्र लिखूँ, परंतु क्या लिखूँ, कैसे लिखूँ, मेरी समझ में नहीं आता। माना कि मैं अपराधिनी हूँ, फिर भी क्या आप मुझे क्षमा नहीं कर सकते? भूल तो मनुष्य से हो ही जाती है। मुझसे भूल हुई और बड़ी भारी भूल हुई, मैंने आपके कोमल हृदय को दुखाया, आपका अपमान किया, आपकी पूजा में त्रुटि की, देवता का सम्मान न कर सकी, न जाने किस अहंकार में, किस मद में बावली हो गई। किंतु आप तो क्षमा कर सकते हैं। मुझे अपने चरणों की सेवा का अवसर दीजिए। मेरी त्रुटियों को भूल जाइए। मैं आपके चरणों पर सिर झुका, आपसे यही वरदान माँगती हूँ, मेरे स्वामी!

आपकी अपराधिनी

"फूल"

पत्र समाप्त कर ज्यों ही फूल ने पीछे देखा, मनोहर खड़े थे। फिर उसी लज्जा और संकोच ने मामला बिगाड़ा। झट से पत्र के टुकड़े-टुकड़े कर फूल दूसरी तरफ खड़ी हो गई। मनोहर की त्योरियाँ चढ़ गईं। उनके सिर से पैर तक आग सी लग गई। फूल के पास पहुँचकर उसे घसीटकर उन्होंने उसका

मुँह सामने कर दिया। बोले, 'किसे पत्र लिख रही थीं? सच कहो।"

फूल का सारा शरीर काँप रहा था, वह कुछ भी न बोल सकी।

मनोहर ने उसके कान ऐंठते हुए कहा, 'बोलो, नहीं तो अभी तुम्हारी हड्डी पसली तोड़ दूंगा।"

फूल को भी क्रोध आ गया। उसकी मुद्रा कठोर हो गई, बोली, "मैं नहीं बतला सकूँगी, जो कुछ आपको करना हो, कर लीजिए।"

फूल का यह कहना था कि बस मनोहर उसको पीटते चले गये। फूल ने जबान न हिलाई, मगर वह जब तक बेहोश न हो गई, मनोहर उसे मारते ही रहे।

दूसरे दिन अचानक मुहल्ले भर में यह हवा फैल गई कि मनोहर की दूसरी स्त्री का भी हार्ट फेल हो गया। अरथी के साथ बहुत से लोग थे, जो असली वाकये से वाकिफ थे। मगर शहर के इतने बड़े और पायेदार आदमी के खिलाफ जबान खोलने की किसकी हिम्मत थी- 'ऊँह, मर गई तो मर भी जाने दो, स्त्री ही तो थी। कल तीसरी आ जाएगी।'

कान के बुंदे

कीमत पर विचार करने का समय न था, अतएव वे सिटी कोतवाल से मिलकर, जिससे उनकी बड़ी घनिष्ठता थी, हीरालाल को अपनी जमानत पर छुड़ा लाए। बुंदों के साथ ही नौ रुपए देकर वकील साहब ने हीरालाल को कचहरी भेजा और स्वयं भी कचहरी गए। किंतु दिन भर उनके मस्तिष्क में यह बात फिरती रही कि दो हजार रुपए कीमत के बुंदे आखिर इसकी स्त्री के पास कहाँ से आए। इन बुंदों के साथ कौन-सा, कैसा रहस्य छिपा है। वकील साहब एक बार जानने के लिए उत्कंठित से हो उठे।

हिरासत से बाहर आते ही हीरालाल ने झुककर वकील साहब के पैर छू लिए। अभी तक वह वकील साहब को केवल अपनी नौकरी के ही कारण न छोड़ सकता था, किंतु आज से तो वह उनका भक्त भी हो गया और उसने मन-ही-मन निश्चय किया कि चाहे इनके साथ रहकर मुझे अनेक

विपत्तियाँ ही क्यों न उठानी पड़ें, परंतु अब इस देवता आदमी का साथ आजन्म न छोड़ूँगा।

शाम को बुंदों को लिए हुए वह वकील साहब के एहसान के भार से दबा हुआ घर लौटा। जेब से बुंदे निकालकर पत्नी के सामने रख दिए, कमला ने उत्सुकतापूर्वक पूछा, क्यों पसंद नहीं आए?

हीरालाल बोला, वाह पसंद क्यों नहीं आए, इतने अच्छे बुंदे और पसंद नहीं आते? बनने को भी दे दिए गए।

कमला बोली, बुंदे बनने को दिए? पर मैं तो यह कहना भूल ही गई थी, यह यहाँ के नहीं मद्रास के बने हैं। जब मैं बहुत छोटी थी तब हम लोग बाबू के साथ मद्रास गए थे। वहीं माँ के लिए बाबू ने इसे खरीदा था।

हीरालाल बोला, शायद यही बात हुई होगी? जब सुनारों ने बनाने से इनकार कर दिया होगा तभी वकील साहब ने लौटाया होगा। हीरालाल ने बुंदों की कीमत के बारे में, अपने पकड़े जाने के बारे में और वकील साहब ने उसे किस तरह छुड़ाया इस बारे में अपनी स्त्री से कुछ भी न कहा।

शहर में प्लेग का प्रकोप हुआ। सब लोग शहर छोड़-छोड़कर बाहर झोपड़े बनाकर या बँगलों पर रहने के लिए निकल आए। वकील साहब ने अपने बँगले में नौकरों की एक कोठरी में हीरालाल को रहने की जगह दे दी।

एक ही अहाते में रहते हुए संभवतः दो-तीन महीने बीत गए किंतु वकील साहब की पत्नी हीरादेवी और कमला से किसी प्रकार की जान-पहचान न हो सकी।

हीरादेवी ने उच्चकोटि की शिक्षा पाई थी। वह संस्कृत में काव्यतीर्थ और अंग्रेजी में बी०ए० थीं। साधारण सुंदर थीं पर स्वभाव जरा रूखा था। वे मौके-मौके पर ही हँसती थीं। साधारण लोगों से वह बातचीत भी कुछ कम करती थीं। उन्हें अपने धन, विद्या और एक प्रतिष्ठित परिवार की कन्या होने का गर्व था। अपने आश्रित एक मुंशी की स्त्री से बातचीत करने में वह समय का दुरुपयोग समझती थीं। इसलिए उन्होंने कमला को कभी न बुलवाया। इधर कमला इसके बिलकुल प्रतिकूल थी। वह अनिंद्य सुंदरी थी। खूब गोरा रंग, आकर्षक आँखें, पतले-पतले लाल होंठ, जिन पर सदा हँसी खेलती रहती। वह बड़ी नम्र और मिलनसार थी। पढ़ी-लिखी बहुत साधारण थी। हिंदी की पुस्तकों के अतिरिक्त चिट्ठी-पत्री लिख-पढ़ लेती थी। अंग्रेजी के कोई-कोई अक्षर पहिचान लेती थी। फिर भी उसे व्यवहार-ज्ञान था, गृहकार्य में कुशल थी। साधारण-से-साधारण कपड़ों को भी ढंग से पहिनना जानती थी। साधारण कपड़ों को ही वह इस ढंग से पहिनती थी कि वह उसके शरीर पर मूल्यवान जान पड़ते। बीस साल की उमर होने पर भी चौदह साल की किशोरी जान पड़ती। उनके स्वभाव में एक प्रकार की लापरवाही और अल्हड़पन

था, जो इस बात का साक्षी था कि इसने भी अपने जीवन में कभी अच्छे दिन देखे हैं।

जिस दिन से कमला को मालूम हुआ कि हीरादेवी ने उसके इयरिंग मंगवाए और पसंद किए हैं, उनसे मिलने के लिए कमला की उत्सुकता और भी बढ़ गई। एक दिन दोपहर को वह हीरादेवी से मिलने गई, जिसकी सूचना हीरालाल ने अपने मालकिन को पहिले से ही दे रखी थी। बरामदे में एक चटाई पड़ी थी, कमला उसी पर बैठ गई। साधारण आवभगत के बाद हीरादेवी पास पड़ी हुई कुरसी पर बैठकर एक मासिक पत्रिका के पन्ने उलटने लगीं। बीच-बीच में वह कमला की बातों का उत्तर भी देती जाती थी। उन्होंने अपने किसी भी व्यवहार से यह प्रकट न होने दिया कि कमला के आने से उन्हें किसी तरह की प्रसन्नता हुई, प्रत्युत उन्होंने यही प्रकट किया कि उसके आने से उनके काम में कुछ विघ्न ही पड़ा। उनके मुँह के भाव से कुछ ऐसा प्रकट हो रहा था जैसे उन्हें कमला के रूप और लावण्य से ईर्ष्या हो रही हो। कमला एक साधारण जामदानी की कढ़ी हुई गुलाबी रंग की साड़ी और वैसा ही ब्लाउज पहने थी। हाथों में तीन-तीन काँच की चूड़ियाँ और कानों में वही हीरे के इयरिंग चमक रहे थे। वह इस आशा में थी कि हीरादेवी यदि कुछ भी उसके बुंदे के विषय में पूछेंगी तो वह बातों-ही-बातों में उन्हें बतला देगी कि यद्यपि इस समय दिनों के फेर से वह उनके मुंशी की स्त्री है किंतु वह भी किसी समय बड़े घर की लड़की थी और उसने

भी अच्छे दिन देखे हैं। उसके पास एक नहीं अनेक जेवर थे, इन बुंदों की तरह, किंतु हीरादेवी ने उसके साथ बातचीत करने में जो उदासीनता दिखलाई, उससे कमला के आत्म-सम्मान को धक्का लगा, वह यहाँ आके पछता रही थी। वह उठकर घर जाने की आज्ञा लेने ही वाली थी कि इसी समय हीरादेवी किसी कार्यवश कुछ देर के लिए भीतर चली गईं। कमला को रुक जाना पड़ा, वह वहीं चटाई पर बैठी उसी मासिक पत्रिका के पन्ने उलटने लगी। ठीक इसी समय वकील साहब ने घर में प्रवेश किया। कमला वकील साहब को पहचानती थी किंतु वकील साहब उसे न जानते थे। कमला उठकर खड़ी हो गई, वह कहीं छिप जाने का स्थान ढूँढ़ने लगी।

इधर वकील साहब को एक संभ्रांत महिला को इस तरह बरामदे में चटाई पर बैठाना कुछ अपमानजनक मालूम हुआ। पहिले तो वह उलटे पाँव बाहर लौट जाने वाले थे। परंतु न जाने क्या सोचकर उन्होंने कमला को संबोधन करके कहा, आप यहाँ बाहर क्यों बैठी हैं? आइए ड्राइंगरूम में बैठिए; मैं उन्हें बुला लेता हूँ। कमला कुछ न बोली, चित्रछाया की तरह वकील साहब के पीछे-पीछे जाकर ड्राइंगरूम में बैठ गई। सच बात तो यह थी कि हीरादेवी की तरफ से इतना निरादर और वकील साहब के द्वारा इतना आदर, दोनों के व्यवहार में इतना अंतर देखकर कमला कुछ विस्मित-सी हो गई। वकील साहब ने अंदर जाकर पत्नी से कहा और फिर बाहर आकर बैठ गए।

हीरादेवी ने समझा कि कोई और मिलने आया है। इसलिए वह अपने कपड़े बदलने लगीं। कपड़े बदलकर रसोइए को चाय तैयार करने के लिए कहकर वह ड्राइंगरूम में आईं किंतु वहाँ किसी और को नहीं, कमला को ही पति के साथ खुले मुँह मखमला कोच पर बैठे देखकर हीरादेवी के शरीर में आग लग गई। वह कुछ बोली नहीं, रूखे भाव से आकर वहीं दूसरी कोच पर बैठ गईं। उनके आते ही कमला उठकर खड़ी हो गई और उनकी ओर लक्ष्य करके कहा, अब आज्ञा दीजिए, मैं घर जाऊँ? हीरादेवी के कुछ बोलने के पहिले ही वकील साहब बोल उठे, बैठिए चाय तैयार हो गई है। चाय ले के जाइए। एक तीव्र दृष्टि से पति की ओर देखकर हीरादेवी ने कमला से कहा, हाँ! चाय पी के ही जाना, तैयार तो हो गई है। पर कमला रुकी नहीं।

कमला की सुंदरता की छाप वकील साहब के हृदय पर प्रथम दृष्टि में ही पड़ गई, इसलिए वह सबकी नजर बचाकर कभी-कभी कमला के मुँह की ओर देख लिया करते थे, किसी बुरे भाव से नहीं। वे सौंदर्योपासक थे। प्रत्येक सुंदर वस्तु को देखना उनकी दृष्टि में आवश्यक था। शिष्टाचार के तौर पर कमला के जाते समय हीरादेवी ने उसे कभी-कभी आते रहने के लिए कहा। कमला इस कृपा के लिए उन्हें धन्यवाद देकर अपने घर गई।

कमला के जाते ही पत्नी पर तिरस्कार सूचकदृष्टि डालकर वकील साहब ने पूछा, यह कौन थी? वहाँ चटाई डालकर बैठा दिया। इतना बड़ा ड्राइंगरूम किसलिए है?

हीरादेवी भी उसी भाव से तीव्र स्वर में बोलीं, तो तुम क्या चाहते हो कि मैं नौकरों-चाकरों को भी अपने साथ ही कुर्सी पर बैठाया करूँ। यह तो तुम्हीं से होगा, मैंने तो यह नहीं सीखा। फिर भी अब वाद-विवाद करने का क्या तात्पर्य है, जब तुमने उसे बुलाकर अपने पास कुर्सी पर बैठा ही लिया था।

वकील साहब ने उत्सुकता से पूछा, नौकर-चाकर? नौकर-चाकर से तुम्हारा क्या तात्पर्य है?

हीरादेवी ने रुखाई से कहा, यह मुंशी की ही तो स्त्री थी न? नौकर-चाकर नहीं तो क्या मेरी हमजोली है।

वकील साहब कुछ नम्र होकर बोले, मुंशी की ही स्त्री सही। हीरालाल मेरा मुंशी है, उसकी स्त्री तो नहीं है? उसके साथ तुम्हें नौकरों का-सा बर्ताव कदापि न करना चाहिए। जो सम्मान करना जानता है, वह सम्मान पाता भी है। फिर गरीबों का सम्मान तो धनिकों से अधिक करना चाहिए। यदि तुम उसे अपने साथ पहिले से ही ड्राइंगरूम में लेकर बैठतीं तो तुम्हारे सम्मान में कुछ भी अंतर न आता, तुम्हारे विषय में वह ऊँचे विचार लेकर ही जाती।

हीरादेवी अब झुँझला उठीं, क्यों तंग किए जा रहे हो, मुझसे नहीं बन पड़ा, तुमने तो कर ही दिया, फिर अब अफसोस किस बात का, और इतने पर भी संतोष न हो, जाके उसके आँसू पोंछ आओ, मुझे कोई शिकायत न होगी, कहकर हीरादेवी उठकर दूसरे कमरे में चली गईं।

मेज पर चाय ठंडी हो रही है, उस तरफ न वकील साहब का ध्यान था और न हीरादेवी का। हीरादेवी के जाते ही वकील साहब थक्के हुए से एक कोच पर लेट गए। बात-बात पर वह पत्नी के वाद-विवाद और तर्क से थक गए थे। विवाह से पहिले जब उन्हें मालूम हुआ कि उनकी भावी पत्नी ग्रेजुएट है, संस्कृत में काव्यतीर्थ है तो उन्हें न जाने कितनी प्रसन्नता हुई थी। अपने कल्पना जगत् में उन्होंने अपने एक छोटे-से सोने के संसार को देखा, जिसमें सहयोग से गृहस्थी नंदनवन हो जाती है। इसी सुस्वप्न को देखते-देखते वे विवाह के बंधन में बंध गए और उन्होंने अपने भाग्य की सराहना की, मित्रों ने बधाई के पुल बाँध दिए। नववधू अधिक सुंदरी न थी, पर सुशिक्षित थी, इसका वकील साहब को गर्व था। आज उनका गर्व धूल हो चुका था। रह-रह के उन्हें ऐसा जान पड़ता था जैसे उन्होंने कोई बहुत बड़ी भूल कर डाली है, जिसका कोई प्रतिकार नहीं। पत्नी के उद्दंड स्वभाव से वे बहुत असंतुष्ट थे। हीरादेवी में उन्हें स्त्रियोचित गुण ढूँढ़े न मिलते थे। पत्नी से अधिक संकोच और शील की मात्रा उनके ही स्वभाव में थी

जिसके कारण वह पत्नी से कभी कुछ कह-सुन न सकते थे और कहते भी तो कैसे? हीरादेवी आखिर उनसे किस बात में कम थीं? वे वकील थे, हीरादेवी भी कुछ दिनों तक पटना के गर्ल्स स्कूल में प्रिंसिपल रह चुकी थीं। वकील साहब बी०ए०, एल०एल०बी० थे, तो हीरादेवी बी०ए०, बी०टी० थीं। विद्या, डिगरी या रुपया कमाने की कला, वकील साहब से हीरादेवी किसी बात में तिल भर कम न थीं। फिर उनसे वह किस बात में दबतीं? और दबतीं भी कैसे? उन्होंने स्त्रियों के समानाधिकार पर बड़े-बड़े लेख लिखे थे। और तर्क के द्वारा यह सिद्ध कर दिया कि स्त्री और पुरुष का प्रत्येक बात में समान अधिकार है। किंतु वकील साहब से कोई पूछता, इस समान अधिकार का परिणाम उनके हक में कैसा सिद्ध हुआ! वे तो जानते ही न थे कि गार्हस्थ्य सुख कैसा होता है। वे तरस रहे थे। हीरादेवी उनके लिए एक मित्र की तरह थीं। बाकी घर का सारा काम तो नौकर करते थे। हीरादेवी भी ग्रेजुएट थीं, वे इन छोटी-छोटी बातों में अपने अमूल्य समय को नष्ट न कर सकती थीं और न कभी वकील साहब की ही हिम्मत पड़ती कि उनसे किसी काम के लिए कहते। सौ की जगह दो सौ खर्च होता, पर एक दिन भी उन्हें अच्छा भोजन न मिलता। वैसे तो सामने थाली में कई चीजें होतीं, पर सब बेस्वाद, नीरस; जैसे-तैसे पेट भरते थे। हीरादेवी पहिली ही बार गर्भवती हुई थीं। प्रसव के लिए उन्होंने अपनी माता के पास जाना उचित समझा। वकील साहब ने इसे ज्यादा ठीक समझा, क्योंकि

यहाँ इनके घर दूसरी कोई स्त्री थी ही नहीं। अतएव गर्भ के छठे मास में ही हीरादेवी अपनी माँ के घर चली गई।

एक दिन कचहरी से लौटकर वकील साहब चाय के लिए बैठे ही थे कि हीरालाल एक थाली में कुछ मिठाइयां, जो एक सुंदर बेलबूटेदार रुमाल से ढकी थीं लेकर आया, बोला घर में बनाया था तो मैंने कहा, थोड़ा-सा आपके लिए भी ले चलूं, बहू जी तो हई नहीं, अब आपके लिए कौन बनाता होगा? वकील साहब ने मन-ही-मन सोचा-ये थीं ही तो कब बना के खिला देती थीं। प्रकट में बोले- क्यों तकलीफ की हीरालाल, महराज तो बना ही दिया करता है, जो कुछ मैं चाहता हूँ। हीरालाल ने धीरे से थाली को मेज पर रखकर रुमाल हटा लिया फिर बोला वकील साहब ये पकौड़ियां खाइए, अभी बन रही हैं, बिल्कुल गरम हैं और चाय के साथ आपको अच्छी भी लगेंगी। वकील साहब पकौड़ियों के शौकीन थे, तश्तरी की सब पकौड़ी साफ कर गए। हीरालाल शरमाया, शायद वह बहुत कम लाया था। खाने के बाद बोले, दरअसल हीरालाल बहुत अच्छी पकौड़ियां बनी हैं, बाकी मिठाइयां भी बहुत अच्छी हैं। क्या तुम्हारे घर की बनी हैं? हीरालाल प्रसन्न होके बोला, हां सरकार हमलोग तो बाजार की मिठाई खाते ही नहीं, वह तो सब अपने हाथ से बना लेती हैं, सस्ती-की-सस्ती पड़ती हैं, और बाजार से अच्छी भी रहती हैं।

वकील साहब बोले, मालूम होता है कि भोजन बनाने में बड़ी चतुर हैं, पर वह तो मिर्जापुर तरफ की हैं। देहात की लड़कियों को तो मैंने भोजन की कला में निपुण कहीं नहीं देखा।

हीरालाल बोला, दिनों का ही फेर समझिए वकील साहब, यह मुंशी नवलकिशोर राय की लड़की है। एक ही रात डाकुओं ने ऐसा जबरदस्त डाका डाला कि इनका सब कुछ लूट ले गए। इन्हें अपनी मां के साथ मामा के घर मिर्जापुर में रहना पड़ा। देहात में रही तो क्या हुआ, इनकी मां बहुत चतुर थीं, उन्होंने ही इन्हें सब कुछ सिखाया। उन कान के बुंदों के अतिरिक्त मोतियों का एक चंद्रहार भी उसके पास है। वकील साहब, मैं क्या बताऊं, उसके हाथ में जैसे जादू है। मामूली दाल-भात बनाती है, पर इतना स्वादिष्ट कि क्या बताऊं।

वकील साहब आश्चर्य से बोले, अच्छा यह मुंशी नवलकिशोर राय की कन्या हैं। वह तो इलाहाबाद के वड़े भारी वकीलों में से थे! तभी यह इतनी चतुर हैं।

हीरालाल ने प्रसन्नता का भाव जाहिर करते हुए कहा– वकील साहब गुस्ताखी माफ हो, एक अर्ज करता हूँ। आप कल सबेरे मेरे झोपड़े में ही भोजन कीजिए, हम गरीबों के भोजन का स्वाद भी लीजिए। वकील साहब को अपने मुंशी के यहाँ भोजन करना जरा उचित न मालूम हुआ। बोले,

क्यों तकल्लुफ करते हो हीरालाल? यह जो इतनी चीजें लाए हो, यही मेरे कल तक के लिए काफी है, फिर क्यों तकलीफ करते हो।

हीरालाल बोला, इसमें तकलीफ की क्या बात है वकील साहब। उसका स्वभाव तो ऐसा ही है कि अगर दस खाने वाले आ जाएँ तो उसे दूनी खुशी होती है, सुस्ती तो उसमें नाम की नहीं है और खाने वालों को खिला-पिला के चाहे उसके खाने के लिए एक कौर भी न बचे, उसे बड़ा संतोष होता है।

वकील साहब बोले, अच्छा, भोजन तो तुम्हारे घर का मैं स्वीकार कर लेता हूँ पर मैं वहाँ खाने न जाऊँगा, तुम खाना यहीं ला देना। हीरालाल खुशी-खुशी अपने घर गया, वकील साहब कपड़े पहिन के क्लब गए।

क्लब से उस दिन वकील साहब जल्दी ही लौट आए। उनका जी वहाँ भी न लगा। एक अजीब तरह की परेशानी उन्हें तंग किए डालती थी। भोजन के लिए महराज पूछने आया। कई बार पूछने पर जैसे सोते-सोते चौंककर उन्होंने जवाब दिया-नहीं।

महराज इस 'नहीं' का अर्थ कुछ भी न लगा सका। दुबारा फिर पूछा, साहब भोजन लाऊँ क्या? वकील साहब झल्ला उठे। बोले, अभी कहा था न मत लाओ। क्या एक बार के कहने से नहीं समझ सकते? महराज चुपचाप चला

गया। उस दिन किसी की हिम्मत वकील साहब से बोलने की न हो सकी। किंतु नौ बजे रात को फिर हीरालाल दरवाजा खटखटाता हुआ पहुँचा। वकील साहब इतने रात को उसके आने का कारण समझ गए। फिर भी और दिनों की तरह वे उसे झिड़क न सके, बल्कि आदर के साथ बैठाया और नम्रता से बोले-क्या है हीरालाल? मालूम होता है कि आज पीने के लिए नहीं है कुछ। हीरालाल हँस पड़ा और बोला, सरकार जब तक आपके पास हूँ मुझे क्या तकलीफ हो सकती है। जब मेरे पास न रहेगा, आपके पास आऊँगा। अच्छा, यह बात है, कहते हुए वकील साहब ने दो रुपए जेब से निकालकर फेंक दिए। आज पहली बार हीरालाल को बिना किसी प्रकार की झिकझिक किए पीने के लिए इतनी आसानी से रुपया मिल गया। रुपया तो वह सदा ही ले लिया करता था, किंतु घंटों माथापच्ची के बाद। वकील साहब के इतने शीघ्र रुपया निकालकर देने का अर्थ उसने लगाया, उस दिन की अत्यधिक आमदनी। रुपया उठाते-उठाते बोला, मालूम होता है आज खूब आमदनी हुई है। वकील साहब, रुपए हों तो दो-तीन और दे दो न, घर में खर्च के लिए बिलकुल नहीं है। वकील साहब बोले, अच्छा तुम्हें दो दे दिए तो तुम लालच में पड़ गए। हीरालाल नम्रता से बोला, नहीं, वकील साहब घर में तंगी न होती तो मैं कभी न माँगता, आप तो मुझे जानते हैं, बस मुझे पीने भर को मिल जाए, फिर मुझे कुछ न चाहिए। आज तो उसने कहा कि रुपया चाहिए इसलिए

आपसे कहा। नहीं तो क्या कभी कहता? आज की, वकील साहब की आमदनी कुल पाँच रुपए ही थी, उन्होंने बाकी के तीन रुपए निकालकर हीरालाल के हवाले कर दिए। देते-देते उन्होंने ताकीद कर दी कि देखो सबके सब मत पी जाना, घर में खर्च के लिए दे देना।

हीरालाल बोला, नहीं वकील साहब, क्या पागल हूँ? मैं पहिले घर में देकर फिर पीने जाऊँगा। हीरालाल चला गया। वकील साहब फिर पलंग पर लेटे, उन्हें नींद न आई। उन्होंने अपने और हीरालाल के जीवन की तुलना की। चतुर सुशील, स्त्री पाकर वह कितना सुखी है? उसका गृहस्थ जीवन कितना आकर्षक है, वह है मामूली मुंशी। स्त्री साधारण पढ़ी-लिखी ग्रामीण बालिका है फिर भी गृहस्थी को स्वर्ग बना रखा है। एक मैं हूँ शहर के बड़े वकीलों में, पाँच-सात सौ मासिक तो कमा ही लेता हूँ। बंगला है, मोटर है, सुंदर बगीचा है, स्त्री संस्कृत और अंग्रेजी में ग्रेजुएट। लोग तो यही समझते होंगे कि मैं कितना सुखी हूँ, मित्र लोग आकर मेरी किस्मत की सराहना कर जाते हैं। किंतु मेरी किस्मत कैसी है? मेरे सिवाय और कौन जान सकता है? बिना सुशील पत्नी के सब सुख होते हुए भी मनुष्य सुखी नहीं रह सकता। सच्चे गृहस्थी के सुख के सामने सारे सांसारिक सुख हेय हैं। वह गृहस्थ सुख मेरी किस्मत में है ही नहीं। काश! मैं भी किसी मामूली पढ़ी-लिखी स्त्री से ही विवाह करता और वह सुशील होती तो जीवन कितना

सुखी होता। यदि सुशील न भी होती तो कम-से-कम बात-बात में उसका तर्कशास्त्र तो न चलता। हर बात में वह अपनी विद्वत्ता की छाप तो न जमाने लगती। किंतु यहाँ तो बात ही और है। हीरा अपने सामने मुझे कुछ समझती ही नहीं, दूसरों के सामने उसे कुछ कहते मैं डरता हूँ, न जाने कैसा उच्छृंखल उत्तर दे दे? फिर मुझे उनके सामने लज्जित होना पड़े। इसी प्रकार जितना ही मैं उससे दबता हूँ वह मुझे दबाती जाती है। मैं स्त्री को समान अधिकार देने का विरोधी नहीं हूँ किंतु वे इतना समझती कहाँ हैं, वे अधिकार पाते ही उसका दुरुपयोग करने लगती हैं। स्त्रियों के लिए कोमलता, लज्जाशीलता और नम्रता बहुत आवश्यक हैं। पर ये बातें हीरा में कहाँ हैं? किंतु इसमें हीरा का दोष? दोष तो उसकी शिक्षा का है। फिर मैं शिक्षा को भी दोष कैसे दूँ? उसी की छोटी बहिन मीरा भी तो एम०ए० में पढ़ रही है, इतनी सुशील, लज्जाशील है कि सीधी तरह आँख उठाकर बात नहीं कर सकती। कुछ नहीं सब मेरी किस्मत का दोष है। मेरी किस्मत में गृहस्थ सुख नहीं था फिर मुझे सुशीला पत्नी कैसे मिलती? उन्होंने कमला और हीरा की तुलना की। कमला उन्हें साक्षात् लक्ष्मी-सी और हीरा अहंकार, अभिमान की प्रतिमा-सी जान पड़ी। वह पहिले ही दिन, पहिली दृष्टि में कमला के रूप पर मुग्ध हो गए थे। आज वह उसके गुणों की भूरि-भूरि प्रशंसा कर रहे थे। किंतु इतना वह जानते थे कि जीवन में अनेक बार ऐसे अवसर आते हैं, जब इंद्रियाँ मनुष्य को अपना दास बना लेती हैं। जानता हुआ

भी मनुष्य अनजान बन जाता है, समझदार भी नासमझ हो जाता है। इसलिए वह कमला के रूप और गुणों पर मुग्ध होते हुए भी उससे दूर-दूर रहना चाहते थे। वे उस पवित्र फूल को जिसका सौरभ उन्हें बहुत प्रिय था छूकर अपवित्र न करना चाहते थे। इसीलिए वह पास भी आने से डरते थे। संभव है पास पहुँचकर वे छू लेने के लोभ को संवरण न कर सकें, तो फिर उसका परिणाम क्या होगा। उसके भयंकर दुष्परिणाम का काला चित्र वकील साहब की आँखों के सामने खिंच गया। वे घबराकर उठे। पास ही मेज पर रखा हुआ हीरा का चित्र उठाकर देखने लगे। किंतु उस चित्र में, कई बार देखने पर भी उन्हें कमला ही दिखी। वे घबराकर इधर-उधर करवटें बदलते रहे। अंत में यह निश्चय करके कि मैं सबेरे हीरालाल के यहाँ भोजन के लिए अस्वीकृति भेज दूँगा, न जाने कब उन्हें नींद आ गई!

सबेरे जब वकील साहब सोकर उठे तो दिन चढ़ आया था। हीरालाल अपने कई मुवक्किलों के साथ वकील साहब की इंतजारी में बैठा था। वकील साहब उठे। कहाँ तो सोने से पहिले उन्होंने यह निश्चय किया था कि हीरालाल के घर का भोजन अस्वीकार कर देंगे, चाय पीते-पीते महराज से बोले कि मैं आज यहाँ खाना न खाऊँगा, मेरे लिए न बनाना। और खाना बनाना ही किसके लिए था, महराज को बिना माँगे ही छुट्टी मिल गई।

इधर भोजन के समय जब हीरालाल वकील साहब से पूछने आया, उन्होंने कहा चलो, वहीं चलके खा लेता हूँ, तुम भी घर रहोगे। बार-बार दौड़ने से बचोगे। हीरालाल और चाहता ही क्या था? वकील साहब को लेकर अपने घर पहुँचा। वकील साहब घर की सफाई देखकर दंग रह गए। छोटे-छोटे दो कमरे कमला ने ढंग से सजा रखे थे। इतनी सफाई थी कि वह उनकी चतुराई से चकित हो गए। उन्हें स्वप्न में भी यह आशा न थी कि उनके नौकरों के रहने की कोठरी नंदन-कानन बन रही हैं। जो घर कमला-सी चतुर गृहिणी के आलोक से आलोकित हो रहा हो, उसकी तुलना नंदन-कानन भी क्या करेगा? वकील साहब दूसरी कोठरी में बैठे थे। बीच के दरवाजे पर एक फटी हुई साड़ी का ही सिला हुआ हलके रंग का पर्दा पड़ा हुआ था। परदे के पीछे से वकील साहब को बार-बार कमला के पैरों की पाजेब की मधुर ध्वनि सुन पड़ती थी, जिससे रह-रह के उनका मन चंचल हो जाता था। जिन पैरों के पाजेब की मधुर ध्वनि वकील साहब के हृदय को दोलायमान किए डालती थी, उन पैरों को एक बार चूम लेने के लिए उनका मन आतुर हो उठा। हीरालाल ने आसन बिछा के पानी रखा। कमला थाली परोस के लाईं। आज उसने बहुत मामूली हलके रंग की साड़ी पहिन रखी थी। नीले रंग में उसका रूप और भी निखर पड़ता था। खाना बहुत सादा था-दाल, चावल, रोटी और दो तरह की मामूली तरकारी थी। किंतु सादा भोजन होने पर भी बहुत स्वादिष्ट

और रुचिकर था। मिर्च-मसाला बहुत कम था, फिर भी जाने क्या था कि वकील साहब रोज से कहीं ज्यादा खा गए। खाते-खाते बोले, हीरालाल मुझे खाना इसी प्रकार का अच्छा लगता है, किंतु महराज तो जरूरत से ज्यादा मिर्च-मसाला भर देता है। परिणाम यह होता है कि मैं कभी पेट भर भोजन नहीं कर पाता। तुम अपनी स्त्री से कहो कि वह महराज को भी खाना बनाना सिखा दे। कमला ने धीरे-से कुछ कहा। हीरालाल हँसता हुआ बोला, वकील साहब वह कहती है कि आप यहीं क्यों न खा लिया करें। वकील साहब हँसकर बोले, सो यहाँ किस्मत में नहीं है। सबको थोड़े ही ऐसा खाना नसीब होता है। कहते-कहते साहब चले गए। कचहरी की देरी हो रही थी। हीरालाल भी जल्दी-जल्दी भोजन करके भागा। आज वह भी वकील साहब की कार में ही बैठकर कचहरी गया। प्रशंसा झूठी हो चाहे सच्ची, किंतु है ऐसी चीज, जिसे सुनकर प्रसन्न हो जाना मनुष्य का स्वभाव है। अपनी प्रशंसा के इतने बंधते पुल सुनकर कमला पुलकित न हुई हो ऐसी बात नहीं। अब वह चीजें दूने उत्साह के साथ बनाती, और नित्य ही कोई-न-कोई नई वस्तु बनाकर वकील साहब के लिए भेजती। उसके हृदय में और कोई भाव न थे, किंतु प्रशंसा पाने की लालसा जरूर थी। वकील साहब इसका दूसरा ही अर्थ लगाते। वे बार-बार सोचते कि जिस प्रकार मेरे हृदय में उसके लिए प्रेम का सूत्रपात हुआ, उसी प्रकार कमला के हृदय में भी तो नहीं

है? वे सदा इसी चिंता में व्यस्त रहते। किंतु प्रेम प्रकट करने का उन्हें कभी साहस न होता, इसके अतिरिक्त वे विश्वास की जगह अविश्वास को स्थान देकर पतित न होना चाहते थे। वे अपनी इंद्रियों का दमन करके अपनी सच्चरित्रता पर धब्बा न लगने देना चाहते थे। किंतु होनी किसके टाले टली है।

इस बार जब वे हीरालाल की तनख्वाह देने लगे तो दस रुपए के स्थान पर पंद्रह रुपए दिए और कहा, हीरालाल मेरी आमदनी बढ़ गई है, इसलिए तुम्हारी तनख्वाह भी बढ़ा दी है। इस महीने से तुम्हें पंद्रह रुपए मिला करेंगे। हीरालाल को मुंहमांगी मुराद मिली खुशी-खुशी घर आया। पत्नी के हाथ पर रुपए रखता हुआ बोला, कमला तुम सचमुच लक्ष्मी हो। जिस दिन से तुम आई हो मुझे लाभ-ही-लाभ हुआ है। वकील साहब मुझसे कभी सीधे बात तक न किया करते थे, अब दोस्तों का-सा बर्ताव रखते हैं। कहां तो सदा निकाल देने की धमकी दिया करते थे, कहां इस महीने से पंद्रह रुपए तनख्वाह कर दी। अब तुम कहो, तुम लक्ष्मी हो या नहीं? तनखा बढ़ने की खुशी में मैं उन्हें कल की दावत दे आता हूँ। जरा इस बार गहरा माल बने। पांच रुपए ऊपर वाले खर्च कर दो, परमात्मा बहुत देगा।

वकील साहब दूसरे दिन हीरालाल के यहां खाने आए। आज कमला ने कई तरह की भोजन सामग्री तैयार की थी। हीरालाल थाली परसवा के वकील साहब के सामने रख ही

रहा था कि बाहर से कुछ मुअक्किलों ने आवाज दी। हीरालाल कमला से कहकर कि तुम वकील साहब को खिला दो मैं जरा मुअक्किलों को संभाल लूं, वर्ना बहक जाएंगे, बाहर चला गया। सामने ही दूसरे वकील का घर था। उसे डर था कि कहीं मुअक्किल दूसरे वकील के घर न चले जाएं। हीरालाल मुअक्किल से बातचीत कर रहा था। कमला वकील साहब को खाना खिला रही थी। बिल्कुल एकांत, और सामने वही वस्तु जिसके वे भक्त थे। वकील साहब कुछ हतप्रभ और चंचल से हो गए। वे बोले, खाना इतना अच्छा बना है कि जी चाहता है बनाने वाले का हाथ चूम लूँ। कमला कुछ न बोली। उसे यह एकांत अच्छा न लग रहा था। उसे वकील साहब के चेहरे की लाली और आंखों की उन्मत्तता साफ दिख रही थी। हाथ धुलाने के बाद कमला टावेल देने लगी, वकील साहब टावेल लेकर कमला की ओर झुके। कमला हां-हां क्या करते हैं आप, कहकर पीछे सरकी। पीछे दीवार होने के कारण ज्यादा न हट सकी। वकील साहब ने जरा ज्यादा झुककर कमला के होठों पर अपने होठ जड़ दिए। न चाहती हुई भी कमला इसका विरोध न कर सकी। कुछ क्षण कमला के अधरामृत का पान कर बिना कुछ कहे ही वकील साहब बाहर चले आए। वकील साहब के बाहर आने के बाद हीरालाल भी खाना खाने गया। आज फिर वकील साहब के साथ हीरालाल को कचहरी जाना पड़ा। हीरालाल के कचहरी जाने पर कमला वकील साहब के कृत्य पर बार-बार विचार

करती रही। उसे रह-रहकर उनके साथ-साथ अपने पतन का दुःख हो रहा था। किंतु उसने तो कभी सोचा भी न था कि यह मामला इस हद तक पहुँच सकता है।

शाम हुई, आज वकील साहब क्लब न जा सके, उनका चित्त उदास था। आज हीरालाल को कोई आमदनी भी न हुई थी। वह भी पीने के लिए व्याकुल-सा था। वह फिर वकील साहब के पास आया। वकील साहब को समझने में देर न लगी, एक रुपया निकालकर उसके हाथ में रख दिया। हीरालाल कलारी की तरफ भागा! वकील साहब धीरे-धीरे हीरालाल के घर की ओर गए? जूतों की आवाज सुनकर हीरालाल के धोखे में कमला ने उठकर दरवाजा खोल दिया। सामने वकील साहब को खड़ा देखकर वह बहुत घबराई। अब न दरवाजा बंद करते बनता था न खोलते। वह कुछ क्षण तक दरवाजा पकड़े खड़ी रहीं फिर बोली, क्या चाहिए आपको? वकील साहब रुँधे हुए कंठ से कंपित स्वर में बोले, तुमसे माफी माँगने आया हूँ। कमला जरा भीतर बैठ जाने दो, फिर कहता हूँ। कमला दरवाजे से सरक गई। वकील साहब आकर भीतर कुर्सी पर बैठ गए। कहा, मुझे अपने कृत्य पर बड़ा दुःख है। कमला तुम मुझसे नाराज तो नहीं हो?

कमला कातर स्वर में बोली, मैं नाराज होऊँ या खुश, अब पूछकर क्या होगा? यह तो आपको पहिले ही पूछना

चाहिए था, फिर भी मैं आपसे पूछती हूँ, आखिर हठ से क्या लाभ है? मेरी और आपकी दोनों की जिंदगी बरबाद हो जाएगी। वैसे आपको तो विशेष क्षति न होगी किंतु मैं कहीं की न रहूँगी।

वकील साहब ने भर्राए स्वर में कहा, कमला मैं तो पागल हो रहा हूँ, मेरी दवा तुम्हें छोड़कर कोई नहीं कर सकता। वैसे आज जो कुछ भूल हो गई उसे तुम क्षमा करो तुम्हारी इच्छा के विरुद्ध मैं तुम्हें कभी हाथ न लगाऊँगा। रही तुम्हारे जीवन बरबाद होने की बात, सो मैं तुम्हें विश्वास दिलाता हूँ कि मैं हीरालाल को कभी किसी हालत में अलग न करूँगा और तुम्हारा जीवन मेरे जीते जी कभी बरबाद नहीं हो सकता। कमला ने दीन भाव से पूछा, फिर भी यह कहाँ तक उचित है कि जो आदमी आपका विश्वास करे उसी के साथ अविश्वास करें। कभी इन्हें (हीरालाल को) जरा भी शक हुआ तो मेरे और आपके विषय में क्या सोचेंगे? वकील साहब बोले, कमला शक होने ही कैसे पाएगा? कहते उठकर पास खड़ी हुई कमला का उन्होंने गाढ़ा आलिंगन कर दिया। और उसी शाम उनका पतन हो गया। इस बात से कमला को जो कुछ दुःख था, वह तो था ही, वकील साहब भी अपने कृत्य से संतुष्ट न थे। न जाने कितने दिन और कितनी रातें उन्होंने बेचैनी से बिताईं किंतु कार्यक्रम उनका ज्यों-का-त्यों चलता रहा। रोज शाम को हीरालाल जब कलारी जाता, उसी समय

वकील साहब अपनी मधुशाला में पहुँचते। यह क्रम महीनों चलता रहा, किंतु हीरालाल कुछ भी न जान सका। धीरे-धीरे कमला को गर्भ के लक्षण प्रकट हुए। विवाह को नौ साल हो चुके थे। इतने दिन बाद ही सही, हीरालाल ने उम्मीद छोड़-सी दी थी, किंतु जब उसे मालूम हुआ कि कमला गर्भवती है तो उसे बेहद ख़ुशी हुई। उसने मन-ही-मन सोचा वकील साहब के यहाँ लड़का हुआ तो इधर भी ईश्वर ने भेज दिया। इसमें क्या रहस्य है-बेचारा हीरालाल न जानता था।

एक दिन हीरालाल भोजन के बाद रुपया लेकर कलारी की तरफ चला। रास्ते में उसका एक लेनदार मिल गया। उसे हीरालाल से करीब दस रुपए लेने थे। हीरालाल को देखते ही उसने दस तो सीधी-सीधी सुनाई और रुपए छीन लिए। अब कलारी जाके हीरालाल करता तो क्या करता? लाचार घर की तरफ लौट पड़ा। घर आकर अपने घर में उसने वकील साहब को बैठा पाया। अपने घर में वकील साहब को देखकर हीरालाल को, और हीरालाल को अचानक उस समय पहुँचा देखकर वकील साहब को आश्चर्य हुआ। किंतु वकील साहब चतुर थे बोले, क्यों हीरालाल, हमेशा तो मुझे भोजन के लिए पूछा करते थे, आज जब मुझे घर में ढंग का खाना न मिला तो पहले ही से खा-पीकर बैठ गए। हीरालाल बोला, अरे तो और बन जाएगा वकील साहब। उसने पत्नी को वकील साहब के लिए कुछ बनाने का इशारा किया। वकील साहब

रोकते हुए बोले, नहीं-नहीं अब क्यों तकलीफ देते हो? मैं जानता हूँ तुम लोगों ने खाया-पिया न होता तो मैं भी कुछ खा लेता। फिर कुछ हँसकर बोले, और तुम्हारा क्या हाल है? मालूम होता है आज चढ़ाई नहीं! हीरालाल के हृदय में कुछ आशा का संचार हुआ। इस समय मदिरा से अधिक आकर्षक कोई दूसरी चीज दुनिया में उसकी दृष्टि में न थी। बोला-चढ़ाता कैसे वकील साहब, एक साला लेनदार मिल गया, रुपया ही छीन लिया, फिर मैं कलारी तक नहीं गया, जाके भी क्या करता, वहाँ कहीं दूसरों को पीते देखकर और जी खराब होता। आपके पास हों सरकार तो जिला लो नहीं तो बिना खुराक के मर जाऊँगा। जेब में सें पाँच रुपए का नोट निकालते हुए वकील साहब बोले, मेरे पास छुट्टा रुपया नहीं है और तुम्हें रुपया देते हुए डर लगता है। नशे के झोंक में न जाने कितने का पी जाओ। हीरालाल बोला, नहीं सरकार ऐसा भी कहीं हुआ है। मैं तो उतना ही पीता हूँ, मेरी तो खुराक ही उतनी है, बस एक रुपया आठ आना की। हीरालाल नोट लेके जाते-जाते कमला से बोला, वकील साहब को कुछ बना के खिला जरूर देना। वकील साहब बोले, पहले अपनी फिकर कर लो फिर हमारी करना। हीरालाल हंसता हुआ चला गया। हीरालाल जब आँख से ओझल हुआ तो कमला का आलिंगन करते हुए वकील साहब बोले, तुम इस शराबी की दास हो कमला? यदि बदलने का कानून होता तो मैं हीरा को देके तुम्हें ले लेता। हीरा, हीरालाल के साथ भले खुश न रहती, पर

तुम्हारे सरीखा सुखी तो दुनिया में कहीं ढूंढ़ने से भी न मिलता, न कमला? कमला ने कुछ उत्तर न दिया, विदाई की अंतिम छाप कमला के होंठों पर लगाकर वकील साहब अपने घर आए। कमला के गर्भ का पांचवा महीना चल रहा था।

हीरालाल खूब पी के लौटा। लौटकर साढ़े तीन रुपए कमला के सामने फेंक दिए, फिर वह खाट पर बेहोश गिर पड़ा। आज उसने दूनी चढ़ा ली थी। धीरे-धीरे हीरालाल को अपनी स्त्री और वकील साहब के चरित्र के विषय में कुछ-कुछ संदेह होने लगा। किंतु कुछ भी कहने की हिम्मत न पड़ती। जब तक वह अपनी आँख से कुछ न देख ले कैसे कहे? लेकिन इस विचारमात्र से ही उसका हृदय बड़ा विचलित हुआ। वह अब ज्यादा पीने लगा किंतु इस पर भी उसे शांति न मिलती। वह बड़ा व्यथित और घबराया-सा रहता। एक दिन वह कमला से बोला, कमला जाने क्यों मुझे तुम्हारा वकील साहब के साथ इतना मिलना-जुलना पसंद नहीं आता। कमला ने कहा, मैं तो उनके घर मिलने जाती नहीं, तुम उन्हें मना कर दो, मैं उनसे कभी न मिलूंगी। हीरालाल निरुत्तर हो गया। वकील साहब को रोकने का उसमें साहस न था। उसने सोचा मकान ही बदल लूं तो अच्छा रहेगा। वह मकान की तलाश में चला। रुपए लेकर कलारी की तरफ जाने के इरादे से निकला। किंतु कुछ ही दूर जाने पर उसे कुछ मुअक्किल मिल गए, वह उन्हें लेकर लौट पड़ा। बंगले पर आने पर मालूम हुआ वकील

साहब क्लब गए हैं। मुअक्किलों से बातचीत करके पांच रुपए फीस की पेशगी लेकर हीरालाल उन्हें सबेरे आने की ताकीद कर अपने घर की तरफ चला। वह रबरसोल जूते पहना था, इसलिए जूतों की आवाज न हुई। बाहर बरामदे पर पहुँचकर उसने देखा कि सामने का दरवाजा बंद है। अंदर से वकील साहब और कमला के हंसने की आवाज आ रही थी। वह चुपचाप कुछ क्षण तक खड़ा रहा, उसने सुना कमला कह रही थी-लड़की हो या लड़का, है तो तुम्हारा ही, उसकी पूरी जिम्मेदारी तुम्हीं पर रहेगी। मैं यह न देख सकूंगी कि तुम्हारा बच्चा मोटर पर बैठकर स्कूल जाए और दूसरा पैर घसीटता हुआ जाए। वकील साहब बोले, पगली हुई हो, तुम्हें भी मैं यहां न रहने दूंगा। मैं तुमको लेके भाग जाऊंगा। वकालत, मकान, बगीचा, सब हीरा और हीरालाल के लिए छोड़ जाऊंगा। मेरे पास बस तुम रहो, मैं दुनिया की सारी संपत्ति को ठुकरा दूँगा। मोटर मैं अपने बच्चे के लिए साथ रखूंगा, कहीं भी रहूँगा, कमा खाऊंगा। हो न तैयार इस बात के लिए? कमला हंस पड़ी। हीरालाल अधिक न सुन सका। संताप से वह पागल-सा हो रहा था। उसने जोर से एक ठोकर दरवाजे पर लगा दी। दरवाजा अंदर बंद था। वह वहां क्षण भर भी न ठहर सका। तेजी के साथ अहाते से बाहर निकल गया। अंधकार में किधर अदृश्य हो गया, कोई न जान सका।

इस घटना को हुए कई मास बीत गए, अब कमला और वकील साहब के संबंध की चर्चा घर-घर में थी। संदेह तो लोग पहले से ही करते थे, किंतु हीरालाल के इस प्रकार अचानक लापता हो जाने से संदेह करने में कोई संदेह का कारण न रह गया था। एक सखी ने कुछ गोलमाल करके हीरादेवी को भी लिखा। यह भी लिखा कि वह फौरन चली आए। इसके एक ही दिन पहले हीरादेवी को पति का पत्र मिला था जिसमें लिखा था कि यहां कई तरह की मौसिमी बीमारियां फैली हैं, ऐसे समय में तुम बच्चे को लेकर यहां मत आना। मैं स्वयं तुम्हें लेने आऊंगा। अब हीरादेवी पति के असली मतलब को समझीं। उनके सिर से पैर तक आग लग गईं। उसी दिन रात की ट्रेन से वह रवाना हो गईं। उनके पहुँचने से पंद्रह दिन पहले बंगले में ही एक कमरे में कमला को कन्या हुई थी। हीरादेवी के इस प्रकार अचानक पहुँचने की वकील साहब को संभावना न थी। वह किंकर्तव्यविमूढ़ से हो गए। उनकी समझ ही में न आया कि क्या करें? पहुँचने के कुछ ही घंटे बाद हीरादेवी ने देखते-देखते कमला को बच्ची समेत बंगले से बाहर निकाल दिया। बंगले से निकलते समय कमला वकील साहब के दफ्तर की तरफ मुड़कर बोली, मुझे उन कोठरी में से एक में रहने दो, मैं इतना नन्हा-सा बच्चा लेकर कहां जाऊं? फिर मुझसे चला भी तो नहीं जाता। वह अपनी बात पूरी भी न कर पाई थी कि अचानक हीरादेवी आ गई। डांट के बोलीं,

सीधी निकल जाओ। मेरी इच्छा के विरुद्ध तुम इस अहाते में पैर भी नहीं रख सकतीं। वकील साहब बुत की नाईं बैठे रहे। उनसे कुछ भी करते न बना। उन्हीं की आँख के सामने, जिसे उन्होंने इतना आश्वासन दे रखा था, वही कमला गिरती-पड़ती किसी प्रकार बंगले से बाहर चली गई। किसी को उस पर दया न आई। किसी ने उसे शरण न दी। अपने पाप के फल को हृदय से लगाए संताप के आंसू बहाती हुई कमला निरुद्देश्य भाव से चली जा रही थी।